Gerhard Brünner, Dietrich Steinhauer

Basiswissen Deutsch

für Berufs- und Berufsfachschulen

Sprachlehre und Sprachbetrachtung

1. Auflage

Bestellnummer 60050

Bildungsverlag EINS

Vorwort

„Lernen – üben – anwenden“, das ist die Aufforderung dieses Buches an berufstätige junge Menschen.

Wer eine Berufsschule (gewerblich, kaufmännisch, haus- oder landwirtschaftlich), eine zur Fachschulreife führende Berufsfachschule oder eine der zahlreichen Weiterbildungseinrichtungen besucht, wird manchmal überrascht feststellen, dass seine Kenntnisse in Deutsch nicht mehr voll den gestiegenen Anforderungen genügen. Bei aller Bedeutung der naturwissenschaftlich-technisch-mathematischen Fächer bleiben gerade die Deutschkenntnisse für das Aufnehmen, Festhalten und Verarbeiten neuer Stoffe eine unbedingte Voraussetzung.

Aus dieser Erkenntnis heraus will das vorliegende Buch eine praktische Hilfe geben, indem es eine kurze und verständliche Darstellung der Grundlagen dieses Unterrichtsfaches bietet.

Die Verfasser haben sich bemüht, das Buch nach den neuen Lehrplänen und Richtlinien so zu gestalten, dass es den Bedürfnissen der Lernenden gerecht wird.

Das Sachregister am Ende des Buches ermöglicht ein schnelles Auffinden der Begriffe und Themen. In weiteren Verzeichnissen wird auf Wörter mit schwieriger Rechtschreibung verwiesen sowie auf die Autoren und deren Texte.

Stoffgebiete, in denen Teilkenntnisse vorausgesetzt werden dürfen, beginnen aus rationellen Gründen mit einem Lernteil zur schnellen Wiederholung. Wem dieser Einstieg zu unmittelbar erscheint, der kann ihn, wie in einzelnen Stoffbereichen dargestellt, über das Beispiel finden.

Inhalt und Umfang des Buches wurden so zusammengestellt, dass eine Auswahl der Lerninhalte nach den Bedürfnissen der Lernenden getroffen werden kann.

Die Lernzielangaben **L** erlauben dem Lernenden an jeder Stelle des Ausbildungsganges, seine Fortschritte selbst zu beurteilen und seine Lerntätigkeit genau auf das Ziel auszurichten.

Die Fachliteratur verwendet in der Aufsatzterminologie und bei einzelnen literarischen Begriffen nicht immer einheitliche bzw. eindeutige Benennungen. Daher wurden möglichst solche Bezeichnungen benutzt, bei denen sich am ehesten Wort und Inhalt decken.

Das Buch möchte nicht nur den breiten und sehr unterschiedlich geprägten Schülerkreis der Berufsschule auf einem sicheren Weg zur Abschlussprüfung in Deutsch führen, sondern ebenso der Erwachsenenbildung und dem Selbststudium dienen.

Die Verfasser

Haben Sie Anregungen oder Kritikpunkte zu diesem Buch?
Dann senden Sie eine E-Mail an BV60050@bv-1.de
Autoren und Verlag freuen sich auf Ihre Rückmeldung.

www.bildungsverlag1.de

Gehlen, Kieser und Stam sind unter dem Dach des Bildungsverlages EINS zusammengeführt.

Bildungsverlag EINS
Sieglarer Straße 2, 53842 Troisdorf

ISBN 3-427-**60050**-5

Inhaltsverzeichnis

Sprachlehre und Sprachbetrachtung

1 Sprachfunktionen

L Grundbegriffe einer Kommunikation erklären

Ein wichtiges Persönlichkeitsmerkmal: Kommunikationsfähigkeit

Das Wort **Kommunikation** kommt aus dem Lateinischen und heißt wörtlich übersetzt Verbindung.
Die Nachrichtentechnik spricht von Kommunikation, wenn ein Sender über einen Kanal Signale an einen Empfänger weitergibt.

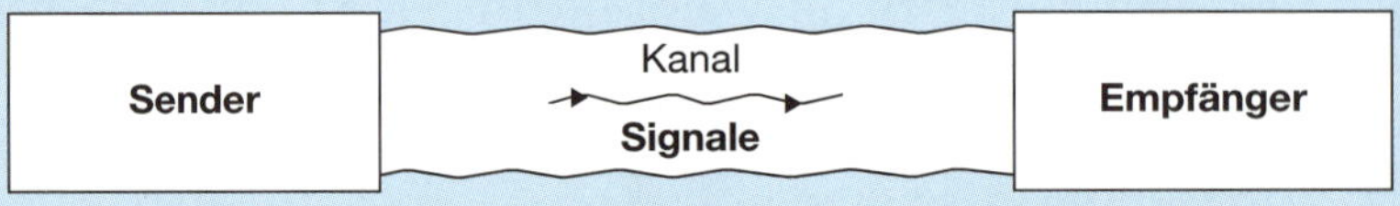

Die Sprachwissenschaft bezeichnet mit Kommunikation den **Austausch von Informationen zwischen Menschen;** die Übertragung der „Signale" kann durch Sprache, Zeichen oder Schrift erfolgen.

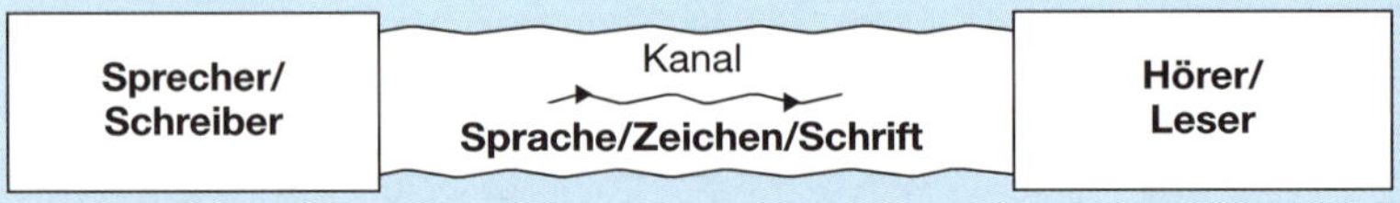

A 1 In den folgenden Situationen laufen **nichtsprachliche** und **sprachliche Kommunikationsvorgänge** ab. Tragen Sie die Elemente der beschriebenen Kommunikationsvorgänge in die unten stehende Tabelle ein.

1 Die Verkehrsampel am Fußgängerüberweg springt auf Rot um; ein ankommender Motorradfahrer bringt seine Maschine knapp vor dem Zebrastreifen zum Stehen.
2 Zwei Freundinnen haben sich heftig zerstritten; Ulrike erwidert daraufhin Christines Gruß nicht mehr.
3 Auf seiner Fahrt in Richtung Süden hört Peter halbstündlich die Verkehrsmeldungen von SWR 3.
4 Martina ist wegen einer Handverletzung für 5 Tage arbeitsunfähig geschrieben; das ärztliche Attest gibt sie in der Personalabteilung ihrer Ausbildungsfirma ab.

Nr.	Sender	Signal/Information	Empfänger
1			
2			
3			
4			

A 2 Bei einem Dialog vertauschen die Gesprächspartner fortlaufend ihre Rollen als Sender und Empfänger. Ergänzen Sie das nachfolgende Modell entsprechend.

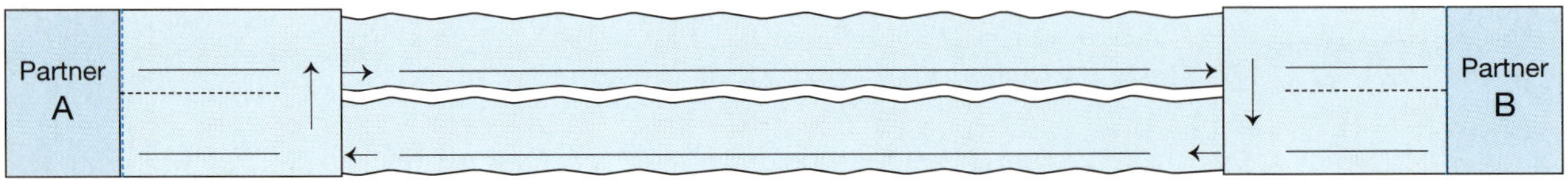

L Die verschiedenen Sprachfunktionen unterscheiden

Die Sprache erfüllt unterschiedliche Funktionen, je nachdem mit welcher Absicht das gesprochene oder geschriebene Wort geäußert wird. Entsprechend kann auch der Stil verschiedenartig ausfallen.

Beispiel	Absicht	Funktion Stil/Bezug
„Die Abgeordneten des Deutschen Bundestages werden alle 4 Jahre in allgemeinen, freien, gleichen und geheimen Wahlen gewählt."	Der **Sprecher/Schreiber** will eine **Sache** klar **darstellen,** so dass der Hörer/Leser eine genaue Vorstellung bekommt.	**Darstellung** objektiv/sachbezogen
„Erhaltet unsere Demokratie! Geht alle zur Wahl! Wählt demokratische Parteien!"	Der **Hörer/Leser** soll zu einer Handlung angeregt oder zu einer Stellungnahme **aufgefordert** werden.	**Appell** auffordernd/dubezogen
„Hoffentlich gehen viele Bürger zur Wahlurne; nur dann werden wir die guten Ergebnisse früherer Wahlen halten können."	Der **Sprecher/Schreiber** möchte seine persönliche Meinung kundtun oder seine gefühlsmäßige Verfassung **ausdrücken.**	**Ausdruck** subjektiv/ichbezogen

Erweitertes Kommunikationsmodell

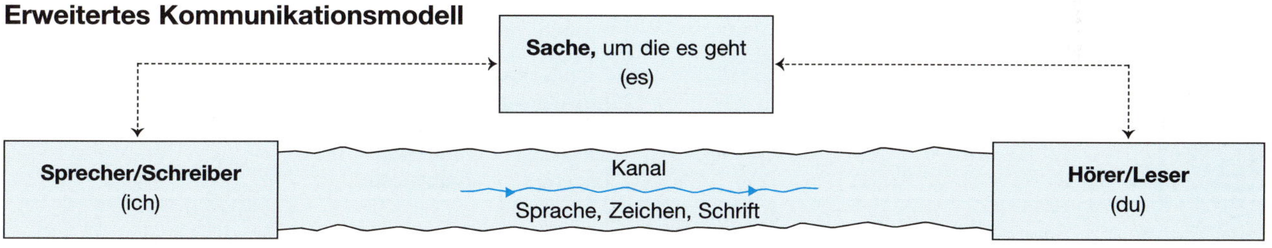

A 1 Nennen Sie Beispiele für Texte, in denen eine Funktion deutlich überwiegt.

Darstellungsfunktion: ______________________

Appellfunktion: ______________________

Ausdrucksfunktion: ______________________

A 2 Morgens um 7.30 Uhr fragt der Vater den 16-jährigen Sohn: „Wie spät ist es inzwischen?" Die Frage kann mit unterschiedlicher Absicht gestellt sein. Bestimmen Sie die jeweilige Sprachfunktion: Darstellung = 1, Appell = 2, Ausdruck = 3

a) Der Vater will die genaue Uhrzeit wissen. ☐

b) Der Sohn soll auf den nahen Unterrichtsbeginn aufmerksam gemacht werden. ☐

c) Der Vater drückt seinen Unmut darüber aus, dass der Sohn zu spät zur Schule kommen wird. ☐

Der kluge Esel *(nach E. Hupfauf)*

„Mein Herr schindet mich noch zu Tode", klagte ein Esel seinem Vetter, dem Muli. „Jeden Tag werden die Säcke noch größer und noch schwerer." „Wirf sie doch einfach ab!", riet das Muli und meinte weiter: „Du scheinst mir wirklich ein dummer Esel zu sein." „Im Gegenteil", erwiderte der Esel. „Ich bin der Klügere – und der gibt eben immer nach."

(aus: Die Moral von der Geschicht', Amboß, St. Gallen)

A 3 Welche Sprachfunktionen erfüllen die einzelnen Sätze in der nebenstehenden Tierfabel?

Darstellungsfunktion in den Zeilen

____

Appellfunktion in den Zeilen

____

Ausdrucksfunktion in den Zeilen

____

2 Das Wort

2.1 Wortarten

L *Die 10 verschiedenen Wortarten kennen*

Das deutsche Alphabet (Abc) besteht aus 26 Buchstaben.
Jeder dieser Buchstaben ist Sinnbild für einen sprachlichen **Laut.**
Eine kurze Folge von Lauten bezeichnen wir als **Silbe.**
Ein **Wort** kann aus einer Silbe oder aus mehreren Silben bestehen.
Man unterscheidet 10 Wortarten.

Lautarten

Selbstlaute (Vokale) werden ohne Hilfe anderer Laute gebildet		**Mitlaute** (Konsonanten) werden mit Hilfe eines Selbstlautes gebildet
a, e, i, o, u au, äu, eu, ei, ai ä, ö, ü	 Doppellaute (Diphthonge) Umlaute	b, c, d, g, j, l, m, n q, r, s, v, w, x, y, z f, h, k, p, t (ß, ch, sch)

Silbenarten

Sprechsilben entstehen bei langsamem Aussprechen eines Wortes	**Sprachsilben** gliedern ein Wort
Mehrsilbige deutsche Wörter werden nach Sprechsilben getrennt: er - trag - reich	Stammsilbe: er**trag**reich Vorsilbe: **er**tragreich Nachsilbe: ertrag**reich** Endung: ertragreich**er**

Die 10 Wortarten

Bezeichnungen	Abkürzungen	Beispiele	Merkmale
1. Haupt- oder Nennwort (Substantiv oder Nomen)	H	Rhein, Mensch, Gebirge, Wasser, Fleiß, Bettelei, Teuerung	Endungen veränderlich (z.B. beim Beugen)
2. Geschlechtswort (Artikel)	G	der, die, das, ein, eine, eines	
3. Tätigkeits- oder Zeitwort (Verb)	T	tragen, rufen, sein, haben, werden	
4. Eigenschaftswort (Adjektiv)	E	groß, viel, tot	
5. Fürwort (Pronomen)	F	ich, mein, sich, der, welcher, dieser, jemand, wer	
6. Zahlwort (Numerale)	Z	zwei, der erste (April), dreimal, viererlei, fünffach, zehntens, mehrere	
7. Umstandswort (Adverb)	U	hier, gestern, vergebens, deshalb	Endung unveränderlich (= Formwörter)
8. Verhältniswort (Präposition)	V	auf, zwischen, für, gegen, mit, bei, mittels, trotz	
9. Bindewort (Konjunktion)	B	und, oder, weil, dass, denn, aber, nicht nur – sondern auch	
10. Ausrufe- oder Empfindungswort (Interjektion)	A	au! hu! muh!	

A T G E H B T U V F Z H
Beispiel: „Hallo!“, rief der neue Gast und wartete ungeduldig auf seine zweite Bestellung.

A Wählen Sie einen einfachen Text aus diesem Buch (z. B. S. 16 „Der Affe und die Rüben“) und bestimmen Sie die Wortarten in einzelnen Sätzen.

2.2 Wortfamilien

L Wörter mit gleichem Stamm finden und ordnen

Zu einer **Wortfamilie** gehören alle Wörter, die das **gleiche Stammwort** enthalten.
Aus dem Stammwort entstehen:

- **zusammengesetzte Wörter** durch Anfügen von anderen Wörtern (z. B. binden → Bindeglied, Augenbinde, anbinden, unterbinden, bindefest ...) und
- **abgeleitete Wörter** durch Änderung der Selbstlaute im Stammwort und/oder durch Anfügen von Vor- oder Nachsilben (z. B. binden → Bündel, Bande, bändigen, unbändig ...).

A 1 Stellen Sie eine Wortfamilie mit dem Stammwort „Teil“ zusammen (z. B. Teilung, teilen, teilbar) und ordnen Sie nach Wortarten.

a) Hauptwörter: ______________________________

____

b) Zeitwörter: ______________________________

c) Eigenschafts- bzw. Umstandswörter: ______________________________

A 2 Sammeln Sie zusammengesetzte Hauptwörter, bei denen das Stammwort „Haus“ unverändert am Wortanfang steht (z. B. Haustür, Hausschlüssel).

____

____

____

A 3 Suchen Sie zusammengesetzte Hauptwörter, die den Stamm „Haus“ unverändert als Wortendung tragen (z. B. Eckhaus, Schneckenhaus), und gliedern Sie diese:

a) nach dem Baumaterial: ______________________________

____

b) nach den Bewohnern: ______________________________

____

c) nach dem Standort: ______________________________

____

d) nach der Verwendung: ______________________________

____

A 4 Vergleichen Sie die Hauptwörter der Aufgaben 2 und 3. Wie ändern sich die Betonung der Silben und der Sinn der Wörter, wenn das Stammwort nicht mehr am Wortende, sondern am Wortanfang steht (z. B. Gartenhaus – Hausgarten)?

A 5 Nennen Sie Wörter, die vom Stammwort „Haus“ abgeleitet sind (z. B. Gehäuse, häuslich).

a) Hauptwörter: ______________________________

b) Zeitwörter: ______________________________

c) Eigenschafts- bzw. Umstandswörter: ______________________________

Literaturhinweis: *Taschenbuch Nr. 110621, Unser Wortschatz, Georg Westermann, Braunschweig*

Datum

Klasse

Name

2.3 Wortbedeutung

L Wörter nachschlagen und Begriffe definieren

Jedes Hauptwort hat eine Bedeutung; es steht entweder für etwas Greifbares, Gegenständliches oder für etwas Unwirkliches, Gedankliches.

Dementsprechend unterscheidet man

- **konkrete Begriffe** (z. B. Buch, Stuhl, Luft, Wolke ...) und
- **abstrakte Begriffe** (z. B. Gnade, Zuneigung, Sehnsucht, Freundschaft ...).

A 1 Nachschlagübung

Bei unklaren bzw. unbekannten Wörtern gibt der **Duden** über die Rechtschreibung Auskunft; das **Lexikon** dient der sachlichen Unterrichtung.

Prägen Sie sich die wichtigsten Zeichen und deren Bedeutung ein.

* geboren	♂ männlich	® Warenzeichen
† gestorben	♀ weiblich	. betonte Kürze (Nobel)
⚔ gefallen	↗ siehe	— betonte Länge (No[nein])

Schlagen Sie die Begriffe „Temperament“ und „Infektion“ nach und suchen Sie die zugehörigen Sachgebiete. Das Gefundene soll hier stichwortartig festgehalten werden.

Temperament = ____

____

angrenzende Sachgebiete: ____

____

____

Infektion = ____

____

angrenzende Sachgebiete: ____

____

____

Geben Sie die Ergebnisse als Kurzvortrag vor der Klasse wieder.

A 2 Definitionsübung (Definition = Begriffsbestimmung)

a) Erklären Sie die genaue Bedeutung artverwandter Begriffe:
Motorrad, Mofa, Moped, Mokick

b) Umschreiben Sie konkrete und abstrakte Begriffe:
Geizhals, Lexikon, Motor, Staat, Emanzipation, Freude, Seele, Treue

c) Unterscheiden Sie die Mehrfachbedeutung von Begriffen:
Arbeit, Hut, Pfiff, Toleranz

d) Stellen Sie das Gegensätzliche in Begriffspaaren heraus:
Armut – Reichtum, Liebe – Hass, Tapferkeit – Feigheit

e) Grenzen Sie verwandte Begriffe gegeneinander ab:
Beruf – Job, Macht – Autorität, Kultur – Zivilisation, Vorsicht – Angst – Feigheit,
Intelligenz – Weisheit – Schlauheit

2.4 Sinnverwandte Wörter *(Synonyme)*

L Wörter von gleicher oder gegensätzlicher Bedeutung finden

Wörter, die unterschiedliche Herkunft, aber **gleiche oder ähnliche Bedeutung** haben, nennen wir **begriffsähnliche oder synonyme Wörter.**

Beispiele: Fernsprecher = Telefon

ehelichen = heiraten

abwechslungsreich = kurzweilig

A 1 Welches der Wörter a bis f einer Zeile kommt dem jeweils vorangestellten Wort sinngemäß am nächsten? (Unterstreichen Sie.)

	a	b	c	d	e	f
1 schnell	vorwärts	kräftig	weiter	beweglich	heftig	geschwind
2 mächtig	herrlich	roh	herrisch	gewaltsam	gewaltig	heftig
3 rau	heftig	grob	wild	kräftig	boshaft	schlimm
4 vernünftig	aufmerksam	deutlich	willig	verständig	sorgfältig	gründlich
5 anfangen	aufbauen	beginnen	fortsetzen	anpacken	lernen	aufsteigen
6 verstecken	täuschen	fliehen	verbergen	verstellen	leugnen	abschirmen
7 schimpfen	schlagen	bestrafen	loben	belohnen	schelten	verdammen
8 verstehen	aufpassen	erklären	zeigen	erkennen	beweisen	begreifen
9 Mut	Tapferkeit	Stärke	Stolz	Fleiß	Kraft	Sturheit
10 Finsternis	Abend	Kälte	Dunkelheit	Gefahr	Winter	Dämmerung

A 2 „Interessant" ist ein sehr häufig gebrauchtes Eigenschaftswort (ein interessantes Buch, ein interessanter Film, eine interessante Arbeit, ein interessantes Fest usw.). Suchen Sie sinnverwandte Wörter zu „interessant".

____

____

____

____

A 3 Suchen Sie Wörter mit gleicher Bedeutung:

Kummer = ________________

Stress = ________________

Unglück = ________________

Urlaub = ________________

berichtigen = ________________

fördern = ________________

säubern = ________________

schwierig = ________________

übereinstimmend = ________________

unbarmherzig = ________________

Suchen Sie Wörter mit gegensätzlicher Bedeutung:

Abschrift – ________________

Hochmut – ________________

Tadel – ________________

Tapferkeit – ________________

fließen – ________________

versenden – ________________

vertrauen – ________________

eifrig – ________________

heiter – ________________

selbstlos – ________________

Literaturhinweis: *DUDEN-Taschenbuch Band 2, Wie sagt man noch? Bibliographisches Institut, Mannheim*

Datum ________ Klasse ________ Name ________

2.5 Wortfelder

L *Wortfelder zusammenstellen und ordnen*

Zu einem **Wortfeld** gehören alle Wörter, die **gleichen oder ähnlichen** Sinn haben.

Beispiel: Das Wortfeld „Missetat“
Missetat, Unart, Untat, Schandtat, Missgriff, Verirrung, Verfehlung, Entgleisung, Verletzung, Übertretung, Verstoß, Vergehen, Verbrechen, Sünde, Zuwiderhandlung, Gemeinheit, Unverschämtheit, Ungezogenheit, Rücksichtslosigkeit, Ungehörigkeit, Ruchlosigkeit, Delikt usw.

A 1 Wodurch unterscheiden sich Wortfamilie und Wortfeld?

A 2 Welche Wörter des Wortfeldes „Missetat“ sind speziell für ein Verkehrsdelikt anwendbar?

______

______

A 3 Sammeln Sie Begriffe, die dem Wortfeld „helfen“ zugeordnet werden können, und ordnen Sie nach der Art, wie geholfen wird.

materiell helfen: ______

______

______

ideell helfen: ______

______

______

A 4 In der folgenden Tabelle werden Eigenschaften genannt, die positive menschliche Verhaltensweisen angeben. Wie nennt man Menschen, welche die genannten Eigenschaften in einem bis zur Untugend übersteigerten Maße besitzen, und solche, die gerade entgegengesetztes Verhalten zeigen?

Eigenschaft	zur Untugend gesteigerte Eigenschaft	gegensätzliche Eigenschaft
z.B. mitteilsam	*geschwätzig, klatschsüchtig*	*verschlossen, wortkarg*
sparsam		
höflich		
freundlich		
ordentlich		
selbstbewusst		
großzügig		
gescheit		

A 5 Stellen Sie die Wortfelder „sprechen“, „geben“ und „machen“ zusammen. Überlegen Sie sich Kriterien, nach denen man diese Felder ordnen kann (Möglichkeit der Selbstbeschäftigung, Gruppenarbeit und/oder Hausarbeit).

L Treffende Wörter finden

Die in einem Wortfeld zusammengefassten Einzelwörter können von **allgemeiner, begrenzter oder spezieller Bedeutung** sein. Je genauer die im einzelnen Wort steckende Information ausfällt, desto klarer, deutlicher und unmissverständlicher wird die Aussage des Gesamttextes.

Beispiele:

1. Ich *machte* ein *Werkstück.* ⟶ Zu allgemein, deshalb schlecht.
2. Ich *fertigte* einen *Gewindebolzen.* ⟶ Genauer, deshalb besser.
3. Ich *drehte* ein *Tr 36 x 6* Führungsgewinde.* ⟶ Sehr genau, deshalb gut.

A 1 Machen Sie Aussagen über spezielle Tätigkeiten in Ihrem Beruf.
Die Sätze sollen wie im 3. Beispiel sehr genau ausdrücken, was Sie sagen wollen.

A 2 Ein *Lebewesen geht* auf der *Erde.*

Bilden Sie 10 Sätze, in denen Sie den Satzgegenstand (Lebewesen), die Satzaussage (geht) und die Ortsergänzung (Erde) jeweils durch Wörter mit eingeengter Bedeutung ersetzen; z. B.: Eine Dame stöckelt über den Bürgersteig. Der Hase springt ins Gebüsch.

A 3 Erhöhen Sie die Aussagekraft der folgenden 10 Wörter durch Bildung von zusammengesetzten Eigenschaftswörtern, z. B. müde → todmüde, hundemüde.

hell		blank	
dunkel		kalt	
trocken		weiß	
nass		hübsch	
reich		leicht	

A 4 Suchen Sie zu den unten stehenden 5 Hauptwörtern ein allgemeines, übergeordnetes Sammelwort sowie je 3 untergeordnete Wörter von eingeengter Bedeutung.

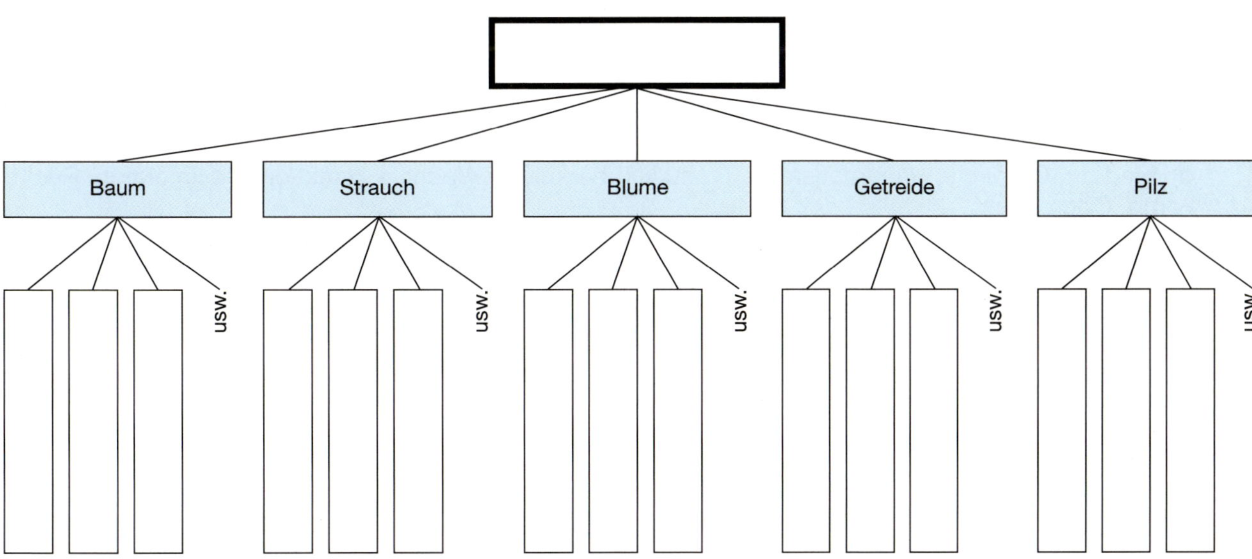

A 5 Welche Erkenntnis kann man aus den Übungen mit dem Wortfeld ziehen?

* Trapezgewinde mit 36 mm Außendurchmesser und 6 mm Steigung

2.6 Fremdwörter

L Bedeutung der Fremdwörter kennen

Die in unserer Muttersprache verwendeten Wörter können wir nach der Dauer ihrer Zugehörigkeit zu unserer Sprache in 3 Gruppen einteilen:

- **Erbwörter,** auch Stammwörter oder Urwörter genannt
  Diese Wörter gehören schon immer der deutschen Sprache an; sie lassen sich größtenteils auf die indogermanische Ursprache zurückführen, z. B. Verwandtschaftsbezeichnungen wie Vater, Bruder usw., Tiernamen wie Hund und Katze, schallnachahmende Wörter wie klirren, rasseln usw.

- **Lehnwörter,** auch eingedeutschte Wörter genannt
  Diese Wörter entstammen einer fremden Sprache, wurden aber im Laufe der Zeit dem deutschen Sprachschatz einverleibt; sie werden heute nicht mehr als fremd empfunden, z. B. Mauer (murus), Fenster (fenestra), Wein (vinum), Straße (strata) usw.

- **Fremdwörter**
  Das sind aus fremden Sprachen stammende Wörter, die wir noch als fremdartig empfinden (z. B. Fabrik, Charakter); sie zeigen deutlich das Eigentümliche einer fremden Sprache. Viele dieser Fremdwörter sind in allen Weltsprachen gebräuchlich, z. B. Ingenieur, Station, Motor, Instrument, international, Spezialist usw.
  Wir verzichten nach Möglichkeit auf das Fremdwort, wenn ein gleichwertiges deutsches Wort zur Verfügung steht, denn
  – Fremdwörter werden häufig sinnverkehrt gebraucht oder falsch ausgesprochen und
  – Fremdwörter werden oft falsch geschrieben. Merke besonders: kein „ck" bei Fremdwörtern!

A 1 Für viele Wörter kennen wir zwei Schreibweisen, z. B.: Geographie – Geografie, Spaghetti – Spagetti, Necessaire – Nessessär, Thunfisch – Tunfisch, Katarrh – Katarr. Wie kann man dies erklären?

A 2 Warum ist es sehr schwierig bis unmöglich, für Fremdwörter allgemeingültige Rechtschreibregeln anzugeben?

A 3 In welchen Lebensbereichen und Fachgebieten werden besonders häufig Fremdwörter verwendet? Versuchen Sie, den Grund anzugeben.

A 4 Klären Sie die Bedeutung der folgenden Fremdwörter. Schlagen Sie bei Bedarf im Lexikon nach.
a) Politik, Republik, Monarchie, Sozialismus, Parlament, Demokratie, Liberalismus, Kommunismus, Nation, Opposition, Kommission
b) Jurist, Justiz, Prozess, Instanz, Notar, Indizien, Plädoyer
c) Philosophie, Psychologie, Theologie, Mathematik, Physik, Chemie
d) Medizin, Chirurgie, Rheumatismus, Typhus, Tuberkulose, Rachitis, Infektion, Desinfektion, Reaktion, Operation
e) Export, Hypothek, Expedient, Produktion, Rabatt, Konkurs, Amortisation, Bilanz, Aktie, Korrespondenz, Bankrott
f) Lokomotive, Modell, Zylinder, Ventil, Profil, Funktion, Akkumulator, Batterie, Kompressor, Apparat, Maschine, Auto

A 5 Welchen Fachgebieten sind die Fremdwörter der vorstehenden Aufgabe entnommen?

a) ______________________ d) ______________________

b) ______________________ e) ______________________

c) ______________________ f) ______________________

A 6 Bilden Sie mit den folgenden Fremdwörtern einfache Sätze, die die Bedeutung dieser Wörter erkennen lassen.
Hauptwörter: Abonnement, Konflikt, Diskretion, Faktor
Zeitwörter: schikanieren, spekulieren, riskieren, managen
Eigenschafts- bzw. Umstandswörter: dezent, kokett, adrett, akkurat

L Fremdwörter durch deutsche Ausdrücke ersetzen und umgekehrt

A 1 Suchen Sie deutsche Ausdrücke für die nachstehenden Fremdwörter:

a) Hauptwörter (Substantive)

Bukett ______________________ Malheur ______________________

Courage ______________________ Passagier ______________________

Cousin ______________________ Saison ______________________

Logis ______________________ Sozius ______________________

b) Zeitwörter (Verben)

annoncieren ______________________ kommandieren ______________________

annullieren ______________________ reparieren ______________________

blamieren ______________________ taxieren ______________________

integrieren ______________________ trainieren ______________________

c) Eigenschafts- bzw. Umstandswörter (Adjektive bzw. Adverbien)

absolut ______________________ famos ______________________

aktiv ______________________ konsequent ______________________

apart ______________________ korrekt ______________________

fair ______________________ regulär ______________________

A 2 Die Quantität der agrarischen Produkte ist indirekt proportional der mentalen Kapazität ihrer Produzenten. – Wie kann man das Gleiche einfacher sagen?

A 3 Buchstabenrätsel: a, a, a, a, a, a, a, a, ä, b, d, e, e, e, e, e, e, e, e, e, e, f, h, i, i, i, i, i, i, i, i, i, i, k, k, k, k, k, k, l, l, l, l, m, m, m, n, n, n, n, n, n, n, n, n, n, n, o, o, o, o, o, o, o, o, o, o, o, o, o, o, p, p, p, p, p, p, r, r, r, r, r, r, r, r, r, r, s, s, s, t, t, t, t, t, t, t, t, t, t, t, t, t, t, t, t, u, u, u, u, u, x, x, z

Aus den vorstehenden Buchstaben sind 13 Fremdwörter mit folgender Bedeutung zu bilden:

1. Facharzt für innere Krankheiten ______________________
2. Staatsangehörigkeit ______________________
3. Schwindsucht ______________________
4. Ausfuhr ______________________
5. Nachbildung ______________________
6. Urkundsbeamter ______________________
7. Stromsammler ______________________
8. Temperaturmesser ______________________
9. Ansteckung durch Krankheitserreger ______________________
10. Gegenpartei ______________________
11. Aufzeichnung, Vermerk ______________________
12. Gerät, Vorrichtung ______________________
13. Wörterbuch, Nachschlagewerk ______________________

Bei richtiger Lösung ergeben die Anfangsbuchstaben der gesuchten Wörter – von oben nach unten gelesen – ein Fremdwort, das in allen Weltsprachen gebräuchlich ist.

Lösungswort: ______________________

L Fremdwörter richtig schreiben

A Schreiben Sie die Fremdwörter der vorhergehenden Übungen und andere Wörter einer Fremdwörtertabelle nach Ansage des Lehrers auf ein gesondertes Übungsblatt.

Datum

Klasse

Name

3 Der Satz

3.1 Satzglieder

L Satzglieder benennen und bestimmen

Ein Satz baut sich aus einzelnen **Satzgliedern** auf.

Wortart (vgl. S. 6)	E	H	T	U	H
Beispielsatz	Junge	Leute	brauchen	regelmäßig	Anerkennung
Satzglied Abkürzung	**Beifügung** (Attribut) BF	**Satzgegenstand** (Subjekt) SG	**Satzaussage** (Prädikat) SA	**Umstands-bestimmung** (Adverbiale) UB	**Ergänzung** (Objekt) EG
Schlüsselfrage	was für Leute?	wer oder was braucht?	was ist ausgesagt?	brauchen wann? ... wie? ... wo? ... warum?	brauchen wen? ... oder was? ... wessen? ... wem?
Jedes Satzglied kann wie bei der Aufzählung mehrfach vorkommen.	Strebsame, erfolgsorientierte	Auszubildende und Schüler	suchen und erwarten	unbewusst und doch spürbar	Beachtung, Lob und Bestätigung

A 1 Bestimmen Sie in den folgenden Sätzen die Wortarten und die Satzglieder (Satzgegenstand = SG; Satzaussage = SA; Beifügung = BF; Ergänzung = EG; Umstandsbestimmung = UB).

Wortarten: G E H T G H G E H
Satz: Die herbeigerufene Verkäuferin zeigte der Kundin die neuesten Hüte.
Satzglieder: BF SG SA EG (wem?) BF EG (was?)

Wortarten:
Satz: Ausbilder und Lehrer schätzen Peters Leistungen gleich hoch ein.
Satzglieder:

Wortarten:
Satz: Die Versicherung erstattete dem Unfallopfer die Kosten in voller Höhe.
Satzglieder:

Wortarten:
Satz: Beiläufig erfuhren wir von Hans die letzten Neuigkeiten.
Satzglieder:

Wortarten:
Satz: Der entstandene Schaden war größer, als wir vermutet hatten.
Satzglieder:

A 2 Bestimmen Sie im folgenden Text alle Wortarten und alle Satzglieder.

Der Winter *(Johannes Linke)*

Der Winter setzte früh ein. Es schneite fort und fort und langsam versank das Land von den Bergen herab unter dem Schneeschleier. Im Grunde und an der Sommerseite hielt sich die Erde noch einige Tage frei; aber dann kam über Nacht der Frost. Die Schollen verkrusteten und wurden beinhart und die Flocken überdeckten Wege und Wiesen und Wald. Das junge Korn spitzte noch eine Zeitlang hervor, dann stachen nur noch die braunen Strünke auf den alten Krautfeldern durch die weißen Decken und schließlich waren Grund und Gras verschwunden.

(aus: Hopff u. a., Diktate, Diesterweg, Ffm.)

A 3 Wählen Sie einen einfachen Text aus diesem Buch (z. B. S. 5 „Der kluge Esel") und bestimmen Sie darin alle Wortarten und/oder Satzglieder.

3.2 Satzarten

L Satzarten benennen und Satzverbindungen bestimmen

● Der einfache Hauptsatz

Der einfache Satz besteht aus Satzgegenstand (Subjekt) und Satzaussage (Prädikat).

Peter arbeitet.

- Peter — Wer oder was? — Satzgegenstand
- arbeitet. — Was ist ausgesagt? — Satzaussage

● Der erweiterte Hauptsatz

Gewöhnlich ist der Satz erweitert; d. h., er kann eine Beifügung (Attribut), Ergänzung (Objekt) und Umstandsbestimmung (adverbiale Bestimmung) enthalten.

Strebsame Schüler erledigen die Hausarbeit pünktlich.

- Strebsame — Beifügung
- Schüler — Satzgegenstand
- erledigen — Satzaussage
- Hausarbeit — Ergänzung
- pünktlich. — Umstandsbestimmung

Nach dem Satzinhalt unterscheiden wir **4 Arten von Hauptsätzen:**

a) Aussagesätze	z. B. Der Volkslauf beginnt in wenigen Minuten.
b) Fragesätze	z. B. Sind alle gemeldeten Teilnehmer anwesend?
c) Befehls-, Wunsch- und Aufforderungssätze	z. B. Machen Sie sich bitte fertig.
d) Ausrufsätze	z. B. Los geht's!

● Der zusammengesetzte Satz

Aus zwei oder mehreren Sätzen entsteht eine **Satzverbindung.**

– Zwei oder mehrere Hauptsätze bilden zusammen eine **Satzreihe:**

Der Chef erklärt die Arbeit und die Angestellten hören aufmerksam zu.

- Der Chef erklärt die Arbeit — Hauptsatz
- und die Angestellten hören aufmerksam zu. — Hauptsatz

– Ein oder mehrere Hauptsätze bilden zusammen mit einem oder mehreren Nebensätzen ein **Satzgefüge:**

Der Ausbilder nennt die Handgriffe, während die Auszubildenden Notizen machen.

- Der Ausbilder nennt die Handgriffe, — Hauptsatz
- während die Auszubildenden Notizen machen. — Nebensatz

Weil Karl oft unaufmerksam ist, muss er die Regeln nochmals wiederholen.

- Weil Karl oft unaufmerksam ist, — Nebensatz
- muss er die Regeln nochmals wiederholen. — Hauptsatz

Einen Hauptsatz erkennt man daran, dass er für sich allein stehen kann.
Ein Nebensatz, auch Gliedsatz genannt, kann nicht allein stehen; er ist einem Hauptsatz untergeordnet.

Die wichtigsten **Arten von Nebensätzen** sind:

a) Bindewortsätze (Konjunktionalsätze)	z. B. Er ging, *weil* es dunkel wurde.
b) Bezugssätze (Relativsätze)	z. B. Er fand das Buch, *welches* er gesucht hatte.
c) Abhängige Fragesätze (Interrogativsätze)	z. B. Er fragte, *ob* er bleiben *könne.*
d) Grundformsätze (Infinitivsätze)	z. B. Er kam, um mit mir zu *lernen.*
e) Mittelwortsätze (Partizipialsätze)	z. B. Er trat ein, freundlich um sich *blickend.*

A 1 Bilden Sie mehrere Sätze entsprechend den im vorstehenden Lehrteil aufgeführten Beispielen (einfache und erweiterte Sätze; Satzreihen und Satzgefüge).

A 2 Bestimmen Sie in den folgenden Sätzen die Art der Satzverbindungen und die Art der Einzelsätze.

1. Sind die Werkzeuge zurück, die ausgeliehen waren?
2. Die letzten Bissen verschlingend, stand er schon vom Tische auf.
3. Hau ab, wenn es dir hier nicht gefällt!
4. Geh nicht weg, ohne dich verabschiedet zu haben.
5. Er wollte wissen, warum der Test so schlecht ausgefallen sei.

A 3 Analysieren Sie in gleicher Weise den folgenden Text.

Der Affe und die Rüben *(Bruno H. Bürgel)*

Es gibt Menschen, die erinnern mich an den Affen, den unser Freund aus Asien mitgebracht hatte. Dieser sonst so manierliche Vierhänder verlor den Verstand und wurde zum Gespött seiner selbst, wenn sein Herr folgende Szene mit ihm aufführte. Er überreichte ihm eine Mohrrübe, die jener sofort ins Maul steckte; eine zweite nahm er in die linke, eine dritte in die rechte Hand. Die vierte Rübe kam in den linken, die fünfte in den rechten Greiffuß. Und nun hielt ihm sein Herr noch ein paar Rüben hin, die der Affe nicht mehr unterzubringen wusste. Das aber machte den Habgierigen rasend, er vergaß alle Erziehung, er wurde zu einem umherfuchtelnden, vor Erregung zitternden, schreienden und speienden Teufel, der wütend trampelte und strampelte. Der Überfluss – nicht der Mangel – brachte ihn um den Verstand und er kam nicht zum Genuss jener Rüben, die er in seinem Maul und in seinen Händen hielt.

Es gibt Menschen, Raffer, denen es ebenso geht.

(aus: Hopff u. a., Diktate, Diesterweg, Ffm.)

L Satzbaufehler erkennen und berichtigen

Zu umfangreiche Satzkonstruktionen werden schnell unübersichtlich und somit schwer verständlich. Zwei derartige **Satzbaufehler** sollen hier behandelt werden (vgl. auch S. 33/34).

falsch	richtig
Schachtelsatz: Mehrere Einzelsätze sind wie verschieden große Dosen ineinandergeschoben. z. B.: Derjenige, der den flüchtigen Fahrer, der an dem Unfall, der sich gestern um 16 Uhr auf dem Marktplatz ereignete, beteiligt war, kennt, möge sich bitte unter Telefon 2628 melden.	Kein „Satzknäuel“; wir geben die einzelnen **Teilinformationen** in abgeschlossenen Sätzen folgerichtig wieder. z. B.: Gestern ereignete sich um 16 Uhr auf dem Marktplatz ein Unfall. Wer kennt den flüchtigen Fahrer? Bitte rufen Sie uns an (Telefon 2628).
Kettensatz: Viele Einzelsätze sind wie die Glieder einer Kette aneinandergehängt. z. B.: Manche Berufsschüler beginnen erst dann mit der Lernarbeit, wenn der Prüfungstermin festliegt, der dann aber zu schnell herannaht, zumal niemand in vier Wochen das alles lernen kann, was einen dicken Stoffplan ausfüllt, der auf eine dreijährige Ausbildung abgestimmt ist.	Keine „Riesenwurst“; wir trennen die **Einzelsätze** und machen einfache, in sich abgeschlossene Aussagen. z. B.: Manche Berufsschüler beginnen erst kurz vor der Prüfung zu lernen. Das ist aber zu spät. In vier Wochen kann niemand den Stoff einer dreijährigen Ausbildungszeit erarbeiten.

A 1 Bestimmen Sie die Art der Satzverbindungen in den vorstehenden Beispielsätzen.

A 2 Übertragen Sie die folgenden Sätze in einwandfreies, klares Deutsch.

Nur derjenige, der eine Ausbildung, in der die speziellen Fertigkeiten, welche im entsprechenden Berufsbild festgelegt sind, in Theorie und Praxis vermittelt werden, durchgemacht hat, kann Facharbeiter werden.

Man kann oft erleben, dass leichtsinnige Menschen erst dann bereit sind, ihr Verhalten zu ändern, wenn sie in finanzielle Not geraten, aus der sie sich aber dann nicht mehr befreien können, weil ihnen die Energie fehlt, die dazu nötig wäre.

3.3 Direkte und indirekte Rede

L Wirklichkeitsform und Möglichkeitsform unterscheiden

Die **wörtliche (direkte) Rede** gibt die gesprochenen Worte **unverändert** wieder (Wirklichkeitsform oder Indikativ),
z. B. Friedrich der Große sagte: „Ich bin der erste Diener meines Staates."

Die **nichtwörtliche (indirekte) Rede** gibt die gesprochenen Worte **verändert** wieder (Möglichkeitsform oder Konjunktiv),
z. B. Friedrich der Große sagte, er sei der erste Diener seines Staates.

A Wodurch unterscheidet sich die direkte Rede von der indirekten Rede?

L Satzzeichensetzung bei der wörtlichen Rede beherrschen

Die wörtliche Rede kann sein
1. eine einfache Aussage,
2. eine Frage oder
3. ein Ausruf bzw. eine Aufforderung.

Der zugehörige Begleitsatz kann stehen
a) am Satzanfang,
b) am Satzende oder
c) in der Satzmitte.

Beispiele möglicher Kombinationen:

1. a) Bernd sagte: „Heute wird noch etwas passieren."
   b) „Heute wird noch etwas passieren", sagte Bernd.
   c) „Heute", sagte Bernd, „wird noch etwas passieren."
2. a) Hans fragte besorgt: „Warum ist denn wieder dicke Luft?"
   b) „Warum ist denn wieder dicke Luft?", fragte Hans besorgt.
   c) „Warum", fragte Hans besorgt, „ist denn wieder dicke Luft?"
3. a) Peter rief aufgeregt: „Passt auf, der Chef kommt!"
   b) „Passt auf, der Chef kommt!", rief Peter aufgeregt.
   c) „Passt auf", rief Peter aufgeregt, „der Chef kommt!"

Besonderheiten: Beim nachgestellten Begleitsatz (Beispiele 2b und 3b) wird nach Fragezeichen/Ausrufezeichen und schließendem Anführungszeichen zusätzlich ein Komma gesetzt und klein weitergeschrieben. In halbe Anführungszeichen setzt man Texteinschiebungen innerhalb einer wörtlichen Rede. Beispiel: Sie fragte: „Müssen wir das Gedicht ‚Reklame' Seite 116 auswendig lernen?"

A Setzen Sie an die Stelle der vertikalen Trennstriche die richtigen Satzzeichen.

| Tag Petra | ruft Hans von der Straße herauf | Ist alles klar für heute Abend? | Ja | ziemlich | ich muss nur noch zum Friseur | Lautes Hupen unterbricht die beiden | Hans | mahnt Petra ihren Freund besorgt | pass doch besser auf | Keine Sorge | Unkraut verdirbt nicht | erwidert dieser lachend | Im Davonlaufen hört er noch ihre Stimme | Wann bei dir wohl der Ernst des Lebens einkehrt? |

L Aussagen in der wörtlichen und nichtwörtlichen Rede wiedergeben

A 1 Setzen Sie den Text in die wörtliche Rede um.

In einer Facharbeiterprüfung fragte ein Prüfer den Kandidaten, welches die typischen Auswirkungen der Wärme und der Kälte seien. Kälte ziehe die Stoffe zusammen und Wärme dehne sie aus, erwiderte der Prüfling, ohne lange zu überlegen. Das sei soweit ganz gut, ermunterte der Prüfer den Auszubildenden, ob er vielleicht einige Beweise für die Richtigkeit seiner Behauptung nennen könne. Nichts sei leichter, prahlte der angehende Facharbeiter großspurig, im Sommer sei es sehr heiß, wir hätten dann lange Tage; der kalte Winter dagegen verkürze die Tage. Der Prüfungsvorsitzende entschied darauf, unter diesen Umständen hielte er es für besser, wenn der Prüfling im Hochsommer nochmals herkäme – mit vergrößertem Wissen.

(aus einer Schülerarbeit)

A 2 Geben Sie die folgenden Texte in der nichtwörtlichen Rede wieder.

Robert liest seiner Frau aus der Zeitung vor: „Von hundert Touristen, die in Paris Station machen, besuchen höchstens zehn den alten ehrwürdigen Louvre ..." „Das sage ich ja immer", unterbricht ihn seine Frau, „um die alten Leute will sich einfach kein Mensch mehr kümmern!"

Zwei Freunde streiten sich, wer von ihnen beiden den stärkeren Vater hat. „Mein Vater", prahlt der eine, „hat das Loch für den Bodensee gegraben." „Und meiner", triumphiert der andere, „hat das Tote Meer umgebracht."

(aus: Witz der Woche, Gruner + Jahr, Hamburg)

Datum

Klasse

Name

4 Hauptregeln der Zeichensetzung

4.1 Kommaregeln

L Die wichtigsten Regeln der Kommasetzung formulieren

A 1 Lesen Sie die nachfolgenden Sätze. Legen Sie dar, welche Funktion das Komma jeweils erfüllt (s. auch S. 14/15 Satzlehre).

a) Alles rennet, rettet, flüchtet.

b) Es freut mich sehr, dass du gesund bist.

c) Das Wasser rauscht', das Wasser schwoll, ein Fischer saß daran.

d) Ich befürchte, dass unser Ausflug nicht stattfinden kann, weil es regnet.

A 2 Welche grundsätzliche Aufgabe hat das Komma?

Hauptregeln der Kommasetzung:	**Beispiele**
1. Vor den Bindewörtern „und", „oder", „beziehungsweise", „sowie", „wie", „entweder ... oder", „nicht ... noch", „sowohl ... als (auch)", „sowohl ... wie (auch)", „weder ... noch" setzt man kein Komma.	Die Musik wird leiser und der Vorhang öffnet sich und die Vorstellung beginnt. Er fährt sowohl bei Wind als auch bei Regen mit dem Fahrrad. Sie benutzt entweder den Zug oder das Auto.
Ausnahme: Das Komma muss stehen vor „und zwar", vor „und das" sowie vor „und", wenn ein eingeschobener Nebensatz vorausgeht.	Ich verreise, und zwar bald. Sie widersprach, und das mit Recht. Sie glaubten, dass sie gut harmonieren werden, und zogen zusammen.
2. Vor entgegengesetzten Bindewörtern wie „aber", „doch", „jedoch", „sondern", „allein", „vielmehr" steht ein Komma.	Die Geschichte ist schön, aber leider nicht wahr. Sie heiratet Martin nicht, sondern sie will allein bleiben.
3. Zwischen Satzteilen, die durch anreihende Bindewörter verbunden sind wie „bald ... bald", „einerseits ... and(e)rerseits", „je ... desto", „(eines)teils ... (andern)teils", „nicht nur ... sondern auch" steht ein Komma.	Die Bettler saßen teils auf der Bank, teils auf dem Gehweg. Die Schaulustigen waren einerseits neugierig, andererseits ängstlich. Nicht nur wir trafen pünktlich ein, sondern auch alle andern.
4. Gleichrangige Teilsätze, Wortgruppen, Wörter grenzt man mit dem Komma voneinander ab (Aufzählung).	Die Musik wird leiser, der Vorhang öffnet sich, die Vorstellung beginnt. Sie ärgerte sich über ihren Mann, über die Kinder, über die Nachbarn. Das Jahr wird eingeteilt in Frühling, Sommer, Herbst, Winter.
5. Nebensätze trennt man mit dem Komma ab.	Das Buch, das ich mitgebracht habe, liegt dort. (NS eingeschoben)
Beim erweiterten Infinitiv bleibt das Komma freigestellt.	Sie versuchten(,) die Tür mit Gewalt zu öffnen. (Komma freigestellt)
Zielt ein hinweisendes Wort auf den Infinitiv, steht ein Komma.	Zu musizieren, das war ihre größte Freude. (das = hinweisend)
Vor „als" im Vergleich ohne Verb steht kein Komma.	Seine Schwester ist älter, als ich bin. (mit Verb) Seine Schwester ist älter als ich. (ohne Verb)
6. Zusätze, Nachträge, Anreden, Ausrufe, die besonders hervorgehoben werden sollen, grenzt man mit Kommas ab.	Mein Onkel, ein großer Tierfreund, lebte mit seinen Hunden zusammen. Sie isst gerne Obst, besonders Äpfel und Bananen. Kinder, hört doch mal her. Ach ja, so ist das Leben nun einmal. Plötzlich, es war Mitternacht, stand der Fremde vor der Tür.
7. Zwischen gleichrangigen Eigenschaftswörtern setzt man ein Komma.	der wohlhabende, begüterte Nachbar (gleichrangig) der fremde alte Herr (ungleichrangig)
8. Beim nachgestellten Begleitsatz (wörtliche Rede) wird nach Fragezeichen/Ausrufezeichen und schließendem Anführungszeichen zusätzlich ein Komma gesetzt (siehe auch Seite 17).	„Wo geht ihr hin?", fragte Peter. „Schluss jetzt!", schrie er laut.
9. Faustregel: Es ist zweckmäßig ein Komma zu setzen, wenn dadurch die Gliederung des Satzes verdeutlicht oder ein Missverständnis ausgeschlossen werden kann.	Ich rate, ihm zu helfen. Ich rate ihm, zu helfen.

L Kommasetzung beherrschen

A 1 Setzen Sie die Kommas und begründen Sie Ihre Entscheidung.

a) Ich wusste nicht dass er krank war.
b) Hunde die laut bellen beißen nicht.
c) In Frankfurt der bekannten Handelsstadt finden wir ein großes Messegelände.
d) Ich kam ich sah ich siegte.
e) Ihr müsst gewissenhaft arbeiten oder ihr werdet in der Prüfung versagen.
f) Er nahm ein Buch in die Hand und begann zu lesen.
g) Ich habe gehört dass der Preis so gesunken ist dass ihn jeder bezahlen kann.
h) Als der Besuch eintraf und die Kranke sich erhob kam frohe Stimmung auf.
i) In unserem Klassenzimmer stehen Tische Stühle und ein Kartenständer.
j) Der erschöpfte niedergeschlagene Verlierer lag flach auf dem Boden.
k) Der Alte Fritz ein resoluter preußischer König lebte von 1712 bis 1786.
l) Peter sagt Hans sei ein Esel.
m) Dieser Garten ist größer als die anderen.
n) Die Fläche scheint größer als sie in Wirklichkeit ist.
o) Sie waren arm aber glücklich.
p) Es war keine Erkältung sondern eine Grippe.
q) Sie warteten teils im Haus teils auf der Terrasse.

A 2 Wo und warum sind Kommas zu setzen?

Beispiel: Im nachstehenden Text, der aus vierzehn Einzelsätzen besteht, sollen alle Kommas gesetzt, abgezählt und entsprechend begründet werden.

a) Junge Menschen vertreten heute sehr häufig die Meinung die Beherrschung der deutschen Sprache sei vollkommen überflüssig.
b) Die Kommasetzung Zeitformen Stilarten und die verflixte Groß- und Kleinschreibung bedeuten für sie nur unnötigen Ballast.
c) „Mit einer einwandfreien Rechtschreibung kann ich mir nichts Brauchbares kaufen“ so argumentieren diese Leute sehr kurzsichtig.
d) Sicher ist es keine Kleinigkeit alle Regeln Vorschriften und Gesetzmäßigkeiten der deutschen Sprache genau zu kennen.
e) Diejenigen Schüler die sich nicht um ihre Muttersprache kümmern können daher zunächst manche mühselige Lernarbeit einsparen.
f) Sie wollen aber bestimmt weiterkommen Sie wollen etwas erreichen also müssen Sie an die Zukunft denken.
g) Um zu einem objektiven Urteil zu kommen müssen wir beide Seiten beleuchten und richtig gegeneinander abwägen.
h) Wer wird schon einen Arbeitsuchenden einstellen der in seiner Bewerbung „ich“ groß und „Sie“ klein schreibt?
i) Was soll ein Freund der Ihren Brief liest denken wenn darin kein einziges Komma richtig steht?
j) Häufig sind umfangreiche Fragebogen Formulare und Scheine auszufüllen und jeder Lese- und Schreibunkundige hat hier Schwierigkeiten.
k) Selbst Erwachsene beginnen oft zu zittern wenn sie auf der Bank einen Überweisungsaufdruck ausfüllen sollen.
l) „Wie und wo muss ich ausfüllen?“ fragen diese Leute dann hilflos ohne die Antwort zu finden.
m) Jeder muss heute auch schriftliche Anweisungen verstehen oder er wird im Beruf und im Privatleben versagen.
n) Daher stellen wir abschließend fest dass sich gute Sprachkenntnisse auf die Dauer doch bezahlt machen werden.

Anzahl der Kommas	Begründung
3	eingeschobener Nebensatz, Aufzählung im Hauptsatz

A 3 Analysieren Sie die Kommasetzung in einem Text dieses Buches (z. B. S. 16 „Der Affe und die Rüben“ und/oder S. 22 „In der Maschinenhalle einer Schiffswerft“).

4.2 Satzschlusszeichen, Wortzeichen u. a.

L Regeln der Zeichensetzung kennen und anwenden

Regel	Beispiele
Der **Punkt** steht – nach Aussagesätzen, – nach Abkürzungen, – nach Ordnungszahlen. kein Punkt bei gesprochener Abk.	 Heute ist schönes Wetter. z. B. = zum Beispiel 15. April, Friedrich II. USA, SOS, TÜV
Das **Fragezeichen** steht – nach Fragesätzen, – nach Fragewörtern.	 Gehst du mit? Warum?
Das **Ausrufezeichen** steht – nach Ausrufen und Befehlen, – nach Wunschsätzen.	 Hilfe! Hilfe! Geht weg hier! Wenn er doch käme!
Der **Doppelpunkt** steht – nach der Ankündigung einer wörtlichen Rede, – nach dem Hinweis auf einen folgenden Satz oder eine folgende Aufzählung.	 Er sagte: „Heute geht's rund." Das Sprichwort lautet: Wie du mir, so ich dir. Er brachte mit: einen Hammer, eine Zange und Nägel.
Der **Strichpunkt** (Semikolon) steht zwischen zusammengehörigen Hauptsätzen oder Wortgruppen.	 Der Zusammenstoß wurde vermieden; daher atmete jeder auf.
Der **Apostroph** (Ergänzungsstrich) steht – anstelle eines ausgelassenen Buchstabens, – beim 2. Fall von Eigennamen, die mit s, ß, x oder z enden, – zur Verdeutlichung des Grundnamens.	 Gib's her! der Käpt'n Marx' Sozialismus Kaiser's Kaffee
Der **Bindestrich** steht bei – Wortzusammensetzungen, – Wegfall eines gleichen Wortgliedes, – Worttrennung.	 Magen-Darm-Kartarrh, 17-jährig Kfz-Papiere hieb- und stichfest bergauf und -ab Tren-nung
Der **Gedankenstrich** steht – vor und nach einem Einschub, – als Übergang zu einem unerwarteten Gedanken, – für eine Gedankenpause.	 Im Straßenverkehr – das weiß jeder – leben wir gefährlich. Ich komme nicht – doch ich werde alles erledigen. Ihr versteht mich – ich war eben unerwünscht.
Zwischen **Anführungszeichen** stehen – die wörtliche Rede, (halbe Anführungszeichen s. S.17) – hervorgehobene Textteile, – Titel und Überschriften.	 „Das war Betrug!", rief er. „Wann kommst du?", fragte sie. „Gar nicht" wird getrennt. Lies die Illustrierte „Der Stern"!
Die **Klammern** schließen erläuternde Zusätze ein.	 Er lebt in Xanten (Niederrhein).
3 **Auslassungspunkte** stehen, wenn Wort- oder Textteile ausgelassen werden.	 Du bist ein E...! Scher dich zum ...!
Der **Schrägstrich** gibt an, dass bestimmte Begriffe zusammengehören.	 das Winterhalbjahr 2003/04 die CDU/FDP-Koalition

A Setzen Sie in den folgenden Texten an die Stelle der vertikalen Trennstriche passende Zeichen.

Text 1

| Ist was | fragt der Barmixer den gutgekleideten jungen Mann | der mürrisch an seinem Drink nippt |
| Vor zwei Monaten ist mein Großvater gestorben und hat mir fünfundachtzigtausend Euro hinterlassen | sagt der Gast | Der Barmixer stellt das Glas hin | das er gerade abtrocknet | und meint verträumt | Das sollte mir einmal passieren |
| Ja | ja | fährt der junge Mann fort | Und im letzten Monat ist ein Onkel von mir gestorben | ein Bruder meiner Mutter | Er hat mir hundertfünfzigtausend hinterlassen |
| Aber warum machen Sie dann ein so unfrohes Gesicht |
| Und diesen Monat | erwidert der Mann | bis jetzt noch keinen Cent |

Text 2

Die dreihundert Passagiere sind in Wien an Bord gegangen | haben sich angeschnallt und ab geht | s | Richtung Paris | Hoch über den Wolken meldet sich plötzlich eine Stimme aus dem Lautsprecher | Meine Damen und Herren | Sie nehmen an einem historischen Flug teil | denn Sie befinden sich an Bord der ersten Verkehrsmaschine der Welt | die vollautomatisch geflogen wird | An Bord befinden sich weder Pilot noch Navigator | Die Automatik wird Sie sicher in einer Höhe von zwanzigtausend Metern von Wien nach Paris fliegen | Alle Geräte wurden vielfach getestet und so kann Ihnen die Fluggesellschaft garantieren | dass nichts passieren | passieren | passieren | passieren |

Text 3

Das Testament ist unterschrieben und gesiegelt | Der alte Mann unterm Sauerstoffzelt teilt seinem Sohn mit | dass er ihm sein ganzes Vermögen | Immobilien | Bargeld | Pfandbriefe | Aktien | vermacht hat |
| Vater | o Vater | wie kann ich dir nur danken | sagt sein Sohn mit Tränen in den Augen | Das verdiene ich ja gar nicht | Danke | Und kann ich nicht auch noch etwas für dich tun | Gibt es nichts | was ich für dich tun könnte | Gar nichts |
| Doch Hermann | wispert der Vater mit schwacher Stimme | Du könntest deinen Fuß vom Sauerstoffschlauch nehmen |

(aus: Heiteres für kluge Köpfe, Scherz, Bern)

5 Rechtschreibung

5.1 Groß- und Kleinschreibung

L Die wichtigsten Regeln der Groß- und Kleinschreibung beherrschen

groß	klein
Höflichkeitsanrede	**vertrauliche Anrede**
Sie, Ihnen, Ihr (immer groß)	du, dir, dich, ihr, euer, euch (auch im Brief klein)
Eigennamen u. Ä.	**Eigenschaftswörter**
der Alte Fritz, das Rote Kreuz	der schnelle Brüter, die schwedischen Gardinen, das gelbe Trikot
der Schweizer Käse, das Brandenburger Tor, die Königsberger Klopse (Ableitungen geographischer Eigennamen auf -er)	indischer Tee (der indische Tee) englischer Stoff (der englische Stoff) russischer Wodka (der russische Wodka)
Heiliger Vater (Titel) Fleißiges Lieschen (Fachbezeichnung) Erster Mai (besonderer Kalendertag) Zweiter Weltkrieg (historisches Ereignis)	der heilige Krieg des Islam, der fleißige Schüler, der erste April, der dritte Krieg
das Schiller'sche Werk (durch Apostroph hervorgehobener Personenname)	die homerischen Epen (Homer) (Personenname wird Eigenschaftswort)
Hauptwörter	**Umstands-, Verhältnis-, Zeitwörter u. a.**
der Abend, der Hunger, die Seite, der Fall, der Dank, die Kraft, der Laut, der Trotz, die Zeit	abends, hungers (sterben), seitens, falls, dank (ihrer Stellung), kraft (seines Amtes), laut (Bescheid), trotz (des Regens), zeit (seines Lebens)
in Bezug auf, zur Not, von Seiten, Pleite gehen, Recht haben, Ernst machen, Wert legen auf, Angst haben, Schuld tragen, Leid tun	infolge, vonnöten, beiseite, pleite sein, recht sein, ernst sein, wert sein, angst und bange sein, schuld sein, leid sein
heute Mittag, gestern Abend, morgen Nacht, am Dienstagabend, eines Dienstagabends	morgens, mittags, abends, nachts, dienstagabends
außer Acht lassen, in Betracht kommen, zu Hilfe rufen, Not leiden, in Kauf nehmen, Auto fahren, Maß halten	heimkehren, preisgeben, stattfinden, standhalten, teilnehmen, wettmachen, wundernehmen (kehrt heim, gibt preis, findet statt usw.)
Hauptwörtlich gebrauchte andere Wortarten	
das Lesen, beim Schreiben, im Sitzen, zum Verwechseln, etwas Vernünftiges, alles Gute, das Beste	lesen, schreiben, sitzen, verwechseln Von allen guten Büchern war es das beste (Buch).
der Einzelne, kein Einziger, die Übrigen, der Nämliche, jeder Beliebige	die beiden, alle beide, jeder, jemand, man, ein jeder, der andere, alles andere
im Allgemeinen, im Wesentlichen, im Einzelnen, im Voraus, bis ins Kleinste	allgemeine Lage, wesentliche Fortschritte, einzelne Ergebnisse, geringste Erfolge, kleinste Schritte
Arm(e) und Reich(e), vom Hundertsten ins Tausendste, beim Alten bleiben, im Großen und Ganzen	von nah und fern, ohne weiteres, das meiste, am meisten, die wenigsten, ein wenig
Es fehlte ihm am Nötigsten. (woran?)	Dieser Weg ist am steilsten. (wie?)
zum ersten Mal, das Paar	einmal, diesmal, nochmals, ein paar Münzen
Im Schulhaus ist (das) Rauchen verboten.	Sie wollten außerhalb rauchen.
im Dunkeln tappen, im Klaren sein	
in Grün, bei Rot, in Deutsch, auf Englisch	mit grüner Farbe, bei rotem Licht, in deutscher Sprache

Datum

Klasse

Name

A 1 Geben Sie die folgenden Sätze in fehlerfreier Groß-/Kleinschreibung wieder.

a) der meister fragte mich: „horst, hast du dein werkzeug in ordnung gebracht?“ ich antwortete überzeugt: „ja, herr horn, sie können gerne ihre inspektion durchführen.“

b) das rote kreuz, die internationale friedensorganisation, benutzt als kennzeichen (emblem) ein rotes kreuz auf weißem grund.

c) wir mussten noch beizeiten ein paar wichtige dinge besorgen. ein paar stabile bergschuhe und ein bisschen proviant konnte ich mir dank der finanziellen unterstützung durch tante olga kaufen.

d) das beste ist den jungen leuten gerade gut genug. wohin soll das ewige fordern führen? unter den guten eigenschaften des menschen ist bescheidenheit noch immer die beste.

e) berufsschüler zeichnen und lesen zwar gern, aber das rechnen und schreiben ist bei ihnen schon weniger beliebt.

f) wer von montag bis freitag von morgens bis abends auf den füßen ist, der freut sich mit recht auf das freie wochenende um alles andere zu tun, nur nicht arbeiten.

g) wollt ihr das beste vom besten erreichen, so müsst ihr ernsthaft zu werke gehen, denn nur so kann man vernünftiges zu stande bringen.

h) ein abgleiten des fahrzeuges in den angrenzenden sumpf konnten wir mit hängen und würgen in allerletzter sekunde gerade noch verhindern.

A 2 Bilden Sie mit den Begriffen kurze Sätze. Begründen Sie die unterschiedliche Schreibweise.

a) am frühen Morgen	frühmorgens	e) zur Seite stehen	beiseite legen
b) über Tage	tagsüber	f) ein Leid antun	zuleide tun
c) zu Hause	daheim	g) Ernst machen	ernst nehmen
d) im Jenseits	jenseits	h) Angst haben	angst und bange sein

A 3 Unterstreichen Sie im Text alle Anfangsbuchstaben, die groß geschrieben werden müssen.

die zeitung ist für jung und alt, für arm und reich unentbehrlich geworden. die einen wie die andern müssen über die wichtigsten fragen auf dem laufenden sein, wenn sie nicht im leben den kürzeren ziehen wollen. wenn man auch manchmal hört: „heute steht in der zeitung gar nichts neues“, so ist diese redensart im allgemeinen doch nicht ernst zu nehmen; denn es vergeht kaum ein tag, an dem die zeitung nicht irgendetwas wissenswertes enthält.

mein vater liest den politischen teil immer bis ins kleinste. die ereignisse in den vereinigten staaten und im fernen osten bleiben ihm nicht unbekannt. auch den wirtschaftsteil verfolgt er aufs genaueste. bald ist es eine mitteilung über die neuen bundesländer oder die europäische gemeinschaft, bald eine meldung über die erfolge der industrie, die seine aufmerksamkeit fesselt. für meine mutter ist der kulturteil das wichtigste.

im großen und ganzen überschlage ich die zeitung und werfe den blick aufs wesentliche. meinen bruder reizen diese berichte nicht im geringsten. für ihn besteht die zeitung nur aus dem sportteil. er sagt: „hier kann jedermann etwas lernen.“ wenn seine vereinsmannschaft ein spiel verliert, ist er aufs tiefste enttäuscht.

A 4 Schreiben Sie den folgenden Text nach Ansage des Lehrers und kontrollieren Sie anschließend Ihre Rechtschreibung anhand des Originals.

In der Maschinenhalle einer Schiffswerft *(nach H. Scharrelmann)*

Soeben hatten die Dampfsirenen mit schrillem Pfeifen den Beginn der Arbeit angezeigt. Die Kräne zum Transport der Eisenmassen, die unter den Decken der Hallen auf Schienen lagen, fingen an sich in Bewegung zu setzen. Die Räder und Treibriemen begannen zu laufen und schon nach wenigen Minuten waren alle Räume erfüllt von dem tausendstimmigen Lärm der Arbeit. Stahlplatten wurden mit Hammer und Spitzmeißel zum Bohren vorgezeichnet und unter die Köpfe der Bohrmaschine gebracht. Die unzähligen Eisen der Schmiede glühten auf. Das Gedröhne der wieder erwachten Arbeit scholl in betäubenden Wellen zum Dach der Halle hinauf, wurde zurückgeworfen, verstärkte sich durch sein eigenes Echo und ging in ein unentwirrbares Durcheinander von Tönen über. Das knatternde Geräusch der pneumatischen Hämmer, das Kratzen und Kreischen der Feilen, das dumpfe Klopfen und Stoßen der Dampfhämmer, alles das vereinigte sich zu einem Akkord der Arbeit, der ungebrochen, stark und voll die weiten Hallen erfüllte.

(aus: Hopff u. a., Diktate, Diesterweg, Ffm.)

5.2 Getrennt- und Zusammenschreibung

L Getrennt- und Zusammenschreibung beherrschen

getrennt	zusammen
Hauptwort + Zeitwort Rad fahren, Eis laufen, Maschine schreiben, Halt machen, Angst haben	**Untrennbare Zusammensetzungen erkennt man beim Beugen des Zeitwortes** (Reihenfolge der Wortteile bleibt unverändert) handhaben (ich handhabe, du handhabst, er hat gehandhabt) brandmarken, wetteifern, schlafwandeln, schlussfolgern
Zeitwort + Zeitwort sitzen bleiben, fallen lassen, spazieren gehen, bestehen bleiben	
Mittelwort + Zeitwort gefangen nehmen, getrennt schreiben, geschenkt bekommen	
Steigerbares Eigenschaftswort + Zeitwort kurz (kürzer) treten, leicht (leichter) fallen, fern (ferner) liegen	**Eigenschaftswort + Zeitwort** vollbringen, frohlocken, langweilen, weissagen
1. Wortteil betont und anderer Wortsinn **über**setzen → Er setzt über den Fluss. **durch**brechen → Sie sind durch das Eis gebrochen.	**2. Wortteil betont und anderer Wortsinn** über**setzen** → Er übersetzt einen Text. durch**brechen** → Sie haben die Absperrung durchbrochen.
Verbindung mit Mittelwort allein stehend, verloren gegangen, wild lebend	**Zusammensetzung mit beiden Mittelwortformen** herunterfallend, heruntergefallen, teilnehmend, teilgenommen
Mittelwort + Eigenschaftswort blendend weiß, kochend heiß	**1. Teil steht für eine Wortgruppe** angsterfüllt (von Angst erfüllt), freudestrahlend (vor Freude strahlend), fingerbreit (einen Finger breit)
„nicht“ + Mittelwort nicht leitend, nicht rostend, nicht brennend	**„nicht“ + Eigenschaftswort** nichtamtlich, nichtehelich, nichtgläubig (auch Getrenntschreibung zulässig)
Umstandswort + Zeitwort abhanden kommen, zunichte machen, zuteil werden	
Eigenschaftswort + Mittelwort oder 2. Eigenschaftswort leicht brennend, dicht bevölkert, gut verständlich, schwer vermittelbar	**Ein Bestandteil kommt nicht als selbstständiges Wort vor** wissbegierig (wiss), redselig (red), einfach (fach), schwindsüchtig (schwind), letztmalig (malig)
1. Teil „-ander“ + Zeitwort aufeinander prallen, auseinander setzen, nebeneinander stellen	**Mehrteilige Wortformen, deren Teile nicht mehr eindeutig bestimmt werden können** kopfüber, neuerdings, zweifelsohne
1. Teil „-wärts“ + Zeitwort abwärts gehen, vorwärts kommen, seitwärts laufen	
1. Teil „da-“ + Zeitwort darauf bestehen, darüber stehen, darunter liegen, davor schieben, dahinter kommen	drauflegen, drüberfahren, drunterstellen
Verbindungen mit „sein“ da sein, fertig sein, hinüber sein, um sein, traurig sein	**Beide Wortteile drücken eine zusammengehörige Eigenschaft aus** taubstumm, nasskalt, dummdreist
1. Teil auf „-lich“ endend bläulich grau, grünlich gelb	**1. Wortteil verstärkt die Bedeutung des zweiten** bitterkalt, stocksauer, todmüde
Ableitungen auf „-ig“, „-isch“, „-lich“ + Zeitwort übrig bleiben, spöttisch reden, heimlich tun	**Mehrteilige Hauptwörter** der Jahrhundertwein, das Goethegedicht, die Vierzigstundenwoche
Verbindungen mit „so“, „wie“, „zu“, „allzu“, „ebenso“, „genauso“ so viel, wie viel, zu viel, allzu oft, ebenso gut, genauso viel	**Mehrteilige Ordnungszahlen** der dreimillionste Besucher
1. Teil „anheim“, „überhand“, „vorlieb“ + Zeitwort anheim stellen, überhand nehmen, vorlieb nehmen	

In Zweifelsfällen, die im Duden nicht aufgeführt sind, schreiben wir getrennt.

A Bilden Sie mit den folgenden Wörtern Sätze, in denen diese Wörter einmal getrennt und einmal zusammengeschrieben werden.

so? lange	frei? sprechen	zu? rufen	gut? machen	kalt? stellen	in? dem
seit? dem	zusammen? fahren	zu? schließen	gut? schreiben	wieder? holen	so? oft

Name

Klasse

Datum

5.3 Dehnung und Schärfung

L Dehnung der Selbstlaute kennen und anwenden

Man unterscheidet 3 Möglichkeiten zur **Dehnung der Selbstlaute (Vokale):**
- Dehnung bei unveränderter Schreibweise, z. B. Gebet, Fibel, Urkunde
- Dehnung durch Selbstlautverdoppelung, z. B. Saal, Boot, leer
- Dehnung durch Dehnungs-h, z. B. mehr, ihm, Uhr

A 1 Suchen Sie Wörter mit den gedehnten Selbstlauten ä (gären), äh (zäh), ö (löten), öh (aushöhlen), u (uralt), uh (Uhr), ü (üben), üh (kühn).

A 2 Bilden Sie Sätze mit den Wörtern stets – steht's, wider – wieder, leeren – lehren, hole – hohle, Mine – Miene, Moor – Mohr.

A 3 Ergänzen und ordnen Sie die nachstehenden Wörter nach den 3 Dehnungsregeln.

T–fel, H–r, N–t, Qu–l, sp–ren, P–r, r–ten, W–ge, W–n, N–be, St–t, Fluss–l, f–l, Ausw–l, sich l–ben, S–t, K–n, l–m	a	aa	ah
S–gen, l–r, K–le, Id–, F–der, R–, L–ne, B–re, kn–ten, H–r, –lend, S–ne, S–le, n–men, Festr–de, qu–r, S–, Vers–rter	e	ee	eh
B–bel, Sch–ne, V–, Symmetr–, Augenl–d, s–ben, er st–lt, Fl–kraft, Hammerst–l, Baust–l, N–t, Vulkanf–ber, Z–brunnen, er s–t, er g–bt, Volksl–d, Masch–ne, Z–harmonika	i	ie	ieh
L–t, B–t, L–n, fr–, M–s, Alk–h–l, Z–, –r, S–n, T–r, r–, L–b, h–len, D–m, Hochm–r, Schuhs–le, d–f	o	oo	oh

L Schärfung der Mitlaute kennen und anwenden

Wir unterscheiden 2 Möglichkeiten zur **Schärfung der Mitlaute (Konsonanten):**
- Schärfung durch Mitlauthäufung nach kurzem Selbstlaut, z. B. Kost, Zucht, flink.
- Schärfung durch Mitlautverdoppelung nach kurzem Selbstlaut, z. B. Ebbe, Waffe, Wolle.

Folgende Besonderheiten sind zu beachten:
- ß steht nur nach langem Selbstlaut: z. B. genießen, Gruß, Fleiß.
- Nach kurzem Selbstlaut wird ss geschrieben, z. B. nass, Riss, Kuss.
- Wenn bei veränderten Wortformen Länge und Kürze des Selbstlautes vor s wechseln, wechselt auch die Schreibung zwischen ß und ss, z. B. fließen → der Fluss – er floss, er aß → essen – er isst.
- Eine häufige Fehlerquelle ist die unterschiedliche Schreibweise von „dass" und „das":
  „dass" als Bindewort, z. B.: Ich hoffe, dass du gesund bist.
  „das" als Geschlechtswort, z. B.: Wir bringen das (= dieses) Kind nach Hause.
  „das" als Fürwort, z. B.: Das Ereignis, das (= welches) er schilderte, lag weit zurück.
  Merke: Wenn sich „dieses" oder „welches" einsetzen lässt, schreiben wir „das".

A 1 Suchen Sie Wörter, in denen der Selbstlaut wegen der nachfolgenden Mitlauthäufung kurz gesprochen wird: a (Last), ä (Gärtner), e (Festung), i (Birne), o (hopsen), ö (schöpfen), u (Sucht), ü (züchten).

A 2 Suchen Sie Wörter, bei denen mit der Länge/Kürze des Selbstlautes auch die Schreibung zwischen ß und ss wechselt (beißen → er biss – gebissen).

A 3 Gas, Fuß, Schloss, Hals, Fass, Gruß, Fluss, Glas, Maß, Strauß, Biss, Haus, bös, groß, nass, Gefäß, Ausweis, Schuss, Gras, Spieß, Pass – Ordnen Sie diese Wörter in 3 Gruppen.

Gas und Ga-se	Fuß und Fü-ße	Schloss und Schlös-ser

A 4 Suchen Sie Wörter mit den Endungen -is – -isse (Zeugnis – Zeugnisse), -in – -innen (Freundin – Freundinnen), -us – -usse (Krokus – Krokusse).

A 5 Ergänzen Sie s, ss oder ß: Ich wei__, da__ da__ „dass", da__ mit „ss" geschrieben wird, ein Bindewort ist und da__ da__ mit „s" geschriebene „das" Geschlechtswort oder Fürwort sein kann.

A 6 Es sind 5 mal 13 = 65 Wörter gesucht; jeder Selbstlaut soll einmal durch jede mögliche Mitlautverdoppelung gekürzt werden, z. B. II – 12, d. h. e kurz durch folgendes tt: Vetter.

kurze Selbstlaute / Kürzung durch		I a oder ä	II e	III i	IV o oder ö	V u oder ü
1	bb					
2	dd					
3	ff					
4	gg					
5	kk oder ck					
6	ll					
7	mm					
8	nn					
9	pp					
10	rr					
11	ss					
12	tt					
13	zz oder tz					

Datum
Klasse
Name

5.4 Schreibweise der Straßennamen

L Regeln über die Schreibweise der Straßennamen beherrschen

Straßennamen bestehen aus Bestimmungswort (Haupt..., Kaiser... usw.) und Grundwort (...straße, ...weg usw.).

● Man schreibt Straßennamen **zusammen,** wenn das Bestimmungswort aus einem Wort besteht und unverändert ist.	→	Schlossstraße, Brunnenweg, Beethovenplatz, Altmarkt, Hochstraße, Kaiserstraße
● Man schreibt Straßennamen **mit Bindestrich,** wenn das Bestimmungswort aus zwei oder mehr Namen besteht.	→	Kaiser-Friedrich-Ring, Paul-von-Hindenburg-Platz, Professor-Sauerbruch-Straße
● Man schreibt Straßennamen **getrennt,** wenn als bestimmendes Wort ein verändertes (gebeugtes) Haupt- oder Eigenschaftswort vorausgeht.	→	Münchener Straße, Kleine Budengasse, Hoher Heckenweg, Breite Straße

A 1 Schreiben Sie richtig.

hauptstraße	
konradadenauerstraße	
langergraben	
märkischestraße	
johnfkennedyplatz	
glockengießerstraße	
parkring	
richardwagnerring	
französischestraße	
neumarkt	
neuerzirkel	
stauffenbergstraße	
grafstauffenbergstraße	
gänsemarkt	

A 2 Suchen Sie in der Nachbarschaft Ihrer Schule zu jeder Regel je 2 Straßennamen.

Datum

Klasse

Name

5.5 Worttrennung

L Worttrennung beherrschen

Wörter, die man über zwei Zeilen verteilen muss, trennt man nach Sprechsilben, d. h. so, wie man langsam spricht. Zusammengesetzte Wörter werden nach ihren sprachlichen Bestandteilen getrennt.

Regel	Beispiele
Steht ein **einzelner Mitlaut** zwischen zwei Selbstlauten, so kommt er bei der Trennung auf die folgende Zeile.	tre-ten nä-hen bü-ßen Ru-der O-fen
Von **mehreren Mitlauten** kommt bei der Trennung der letzte auf die folgende Zeile.	An-ker Knos-pe kämp-fen Fens-ter blan-ko
Buchstabenverbindungen, die beim Sprechen einen Laut ergeben, werden nicht getrennt: ch, sch, ph, th, ck.	la-chen Deut-sche Ste-phan Zi-ther Zu-cker
Endungen, die mit einem Selbstlaut beginnen, nehmen – wenn vorhanden – den vorangehenden Mitlaut zu sich.	Lehre-rin Bäcke-rei Lüf-tung zän-kisch mod-rig
Zusammengesetzte Wörter werden nach ihren sprachlichen Bestandteilen getrennt, auch wenn es anderen Regeln widerspricht.	Aug-apfel Wand-uhr Straßen-ampel Angst-schweiß Fett-tropfen
ss wird getrennt ß wird nicht getrennt	las-sen grü-ßen

A 1 Wenden Sie die jeweilige Trennungsregel an.

tragen Waage Auge Uhu beißen	
Finger Achsel Drechsler impfen belasten	
Masche Speichel Dackel Strophe katholisch	
Haftung Helferin Angeberei global traurig	
Platzangst Liedstrophe Fettauge Blutader Bolzplatz	
Kasse Straße	

A 2 Trennen Sie, wo Trennung möglich ist, z. B. Wettturnveranstaltung = Wett-turn-ver-an-stal-tung.

Kistendeckel		Nadelkissen	
Eselsohren		Schaffnerin	
Zuckerkuchen		Ofentürchen	
kraxeln		Mannestreue	
Edelmann		Omnibusachse	
Stalllaterne		ausschimpfen	
Hoffnung		Boxerhündin	
national		europäische	

5.6 Gleich und ähnlich klingende Laute

L Unterschiedliche Schreibweisen von Lauten kennen und anwenden

Erklärung	Beispiele
wider (ohne e) = gegen wieder (mit e) = nochmals	widerlegen, erwidern wiederholen, wiedersehen
Stadt (mit dt) = Siedlung Statt (mit tt) = Stelle	Kreisstadt, Stadtpark Ruhestatt, Statthalter
seid (mit d) = von „sein“ seit (mit t) = Zeitangabe	… seid willkommen … … seit vorgestern …
tod- (mit d) = wie bin ich? tot- (mit t) = was tue ich?	todmüde (Eigenschaft) totarbeiten (Tätigkeit)
end- (mit d) = von „Ende“ ent- (mit t) = Vorsilbe	endlich, endgültig entgehen, entfernen
das (mit s) = welches oder dieses dass (mit ss) = nicht „welches“ oder „dieses“ einsetzbar	… das Buch, das du liest … … ich hoffe, dass sie kommen …
fröhlich (mit -lich, weil das Stammwort „froh“ nicht mit einem l endet) ölig (mit -lig, weil das Stammwort „Öl“ mit einem l endet)	kränklich, ehrlich unzählig, stachelig
-ine (mit i) = weibliches Hauptwort -ieren (mit ie) = Zeitwort	Apfelsine, Kantine diktieren, imponieren
-eiz, -euz, -auz = nach Doppellauten nie tz	beizen, Kreuz, Kauz
ää und öö gibt es nicht	Boot – Bötchen

A Ergänzen Sie die fehlenden Buchstaben.

w____derrechtlich, W____derkehr,
w____derbringen, Erw____derung,
W____derwahl, w____derwärtig

Sta____teil, Lagers____ ,
sta____bekannt, an Eides sta____

sei____ ihr hier sei____ , …
ihr sei____ sei____ gestern da …

to____elend, to____drücken,
to____lachen, to____ernst

en____los, En____gelt,
En____hüllung, En____spurt

Ich glaube, da____ ist gut.
Er bat, da____ man ihn hole.
… da____ Pferd, da____ gewinnt.

hügel____ , rundl____ ,
kürzl____ , winkel____ ,
mehl____, sterbl____

Gard____ne, diskut____ren,
marsch____ren, Ros____ne

Hei____kissen, kreu____en,
Gla____e, Schnau____e, Ri____e

P____rchen, H____rchen, S____le

5.7 Laut-Buchstaben-Beziehung

L Laute und Buchstaben zuordnen

Aus der Verwandtschaft/Herkunft eines Wortes lässt sich erkennen, wann ein Umlaut zu schreiben ist:

die Stange	→	der Stängel	die Schnauze	→	schnäuzen
die Gams	→	die Gämse	der Überschwang	→	überschwänglich
die Hand	→	behände	das Band	→	das (der) Bändel
das Lamm	→	belämmert	blau	→	verbläuen

Eingedeutschte Wörter werden mit Doppelmitlaut geschrieben, wenn die Ausgangsformen bereits die Mitlautverdoppelung haben:

Asse (Mehrz.)	→	das Ass	tippen	→	der Tipp
moppen	→	der Mopp	steppen	→	die Steppdecke
Nummer	→	nummerieren	toll	→	der Tollpatsch
stoppen	→	der Stopp	Stuck	→	der Stuckateur

Wenn Wörter zusammengesetzt werden, bleiben alle Buchstaben der Ausgangswörter erhalten.

Rohheit	→	(roh + heit)	Zierrat	→	(zieren + rat)
Zähheit	→	(zäh + heit)	selbstständig	→	(selbst + ständig)
Stalllaterne	→	(Stall + Laterne)	Fetttropfen	→	(Fett + Tropfen)

Bei vielen Wörtern kann die Schreibweise b/p, d/t, g/k, w/f, s/ß aus der Aussprache der erweiterten Form oder verwandter Wörter abgeleitet (abgehört) werden:

Isotop	→	die Isotope	Öfchen	→	der Ofen
absurd	→	absurde Meinung	Fleiß	→	fleißig
Musik	→	musikalisch	preiswert	→	die Preise

A 1 Ergänzen Sie ä, äu, ai, e, ei, eu, i, ü oder y.

K—ser, Kl—ster, W—senhaus, m—stern, S—e, h—lig, Tr—ning, Geb—ck, F—lge, allm—hlich, Gesp—nst, Qualit—t, S—son, Spr—ngstoff, verschm—hen, St—mpel, Glockengel—t, Schl—der, and—ten, Kn—el, abergl—bisch, h—te, S—getier, H—chler, Kr—stall, s—stematisch, z—geln, t—fteln, D—amant, H—drant, S—rup, Just—z, anon—m, d—ster, T—rann.

A 2 Ergänzen Sie g, k oder ch.

Ker—er, Är—er, Kuchen—abel, Strom—abel, Landes—renze, Blumen—ränze, er fin—, Buchfin—, ban—, Ban—, —unstgewerbe, —unstbezeigung, or—anisch, or—anartig, er fra—t, Fra—e, Kuchentei—, Fischtei—, Hasenja—d, Segelja—t, —arakter, —ranich, —rom, —emie, —linge.

A 3 Ergänzen Sie: Beste______iste, Rohsto______rage, Schwi______eister, sa______rinken.

A 4 Schreiben Sie den folgenden Text als Partnerdiktat, d. h. nach Ansage eines Mitschülers. Überprüfen Sie anschließend Ihre Rechtschreibung.

Teufel Alkohol (nach Raimar Jürgens)

Wenn auf Partys Alkohol angeboten wird, denkt wohl kaum jemand daran, dass es sich hierbei um ein nicht zu unterschätzendes Suchtmittel handelt. Alkohol ist zwar „gesellschaftsfähig“, doch gerät er immer mehr in den Mittelpunkt medizinisch-soziologischer Untersuchungen. Die Weltgesundheitsorganisation hat definiert, wann man als süchtig gelten kann: Wer täglich mehr als 40 Gramm reinen Alkohol zu sich nimmt, der muss als gewohnheitsmäßiger Trinker angesehen werden. Wissenschaftler haben in diesem Zusammenhang die These widerlegt, Haschisch sei die Einstiegsdroge für „härtere Sachen“. Viel gefährlicher scheint ihnen der Alkoholkonsum, der zumeist der Drogensucht vorausgeht. Sie vertreten die Meinung, ein Viertel Liter Schnaps entspräche der Wirkung von zwei Heroinspritzen. Jeder vierte Bundesbürger zählt heute zu den täglichen Alkoholkonsumenten. 5 Prozent der Bevölkerung trinken täglich mindestens zwei Liter Bier oder nehmen die gleiche Menge Alkohol in anderer Form zu sich. Selbst diejenigen, die sich an den Werbespruch halten, wonach man mäßig aber regelmäßig trinken soll, kommen dabei auf die ansehnliche Jahresmenge von zehn Litern reinem Alkohol.

(aus: Koch, Textsammlung, Rein Verlag, Mannheim)

A 5 Schreiben Sie zur Überprüfung Ihrer Rechtschreibkenntnisse weitere Partnerdiktate.

6 Ausdruck und Stil

6.1 Wortauswahl

L Anschaulich und folgerichtig formulieren

Je treffender das gewählte Wort, desto klarer und verständlicher wird die Aussage (vgl. S. 10, Wortfelder).

Nur wer **die richtigen Hauptwörter, passenden Eigenschaftswörter** und **treffenden Zeitwörter** verwendet, kann die vielfältigen Ausdrucksmöglichkeiten unserer Sprache voll ausnützen.

A 1 Wer das Wort Spätherbst hört, denkt unwillkürlich an Nebel, Regen, Wind, Kälte, Lichter usw.

a) Nennen Sie genauere Hauptwörter (Substantive) für die Sammelbegriffe.

Nebel: z. B. Nebelwand ____________________

____

Regen: ____________________

____

Wind: ____________________

____

b) Nennen Sie passende Eigenschaftswörter (Adjektive) zu den Hauptwörtern.

Bodennebel: ____________________

____

Nordostwind: z. B. eisig ____________________

____

Kälte: ____________________

____

c) Nennen Sie treffende Zeitwörter (Verben) zu den Hauptwörtern.

Kerze: ____________________

____

Sturm: ____________________

____

Regen: z. B. gießen ____________________

____

A 2 Beurteilen Sie den folgenden Text aus einer Schülerarbeit.

Draußen vor der Tür herrscht klirrende Kälte. Dicker Raureif hängt an den elektrischen Leitungen. Ein eisiger Nordostwind schneidet in unser Gesicht und fegt dichte Nebelschwaden über die Ebene.

Datum

Klasse

Name

L Treffende Ausdrücke finden

A 1 Bringen Sie die gleichen Wortverhältnisse zusammen.

1. Wald zu Baum wie ______________________ zu ______________________

a) Halm zu Wiese
b) Faser zu Gewebe
c) Pflanze zu Blüte
d) Zimmer zu Stuhl
e) Chor zu Stimme
f) Leben zu Fehler

2. Freudentaumel zu Sieg wie ______________________ zu ______________________

a) Nachricht zu Jubel
b) Notfall zu Elend
c) Verzweiflung zu Unglück
d) Schläge zu Tränen
e) Reichtum zu Zufriedenheit
f) Frieden zu Glück

3. Lampe zu Dunkelheit wie ______________________ zu ______________________

a) Ruhm zu Unwissenheit
b) Orden zu Heldentat
c) Sonne zu Sonnenschirm
d) Buch zu Ruhm
e) Veröffentlichung zu Ruhm
f) Buch zu Unwissenheit

4.Taste zu Ton wie ______________________ zu ______________________

a) Schublade zu Griff
b) Flaschenzug zu Seil
c) Klavier zu Musik
d) Schalter zu Strom
e) Glühbirne zu Licht
f) Schwingung zu Stimmgabel

A 2 Ergänzen Sie die Wortverhältnisse.

1. Amsel zu Vogel wie Tulpe zu ______________________
2. Droschke zu Pkw wie Kerze zu ______________________
3. Wagen zu Pferd wie Auto zu ______________________
4. Ofen zu Wärme wie Lampe zu ______________________
5. Zeit zu Uhr wie Wärme zu ______________________
6. Einigkeit zu Stärke wie Zufriedenheit zu ______________________
7. Ordnung zu Gesetz wie Reichtum zu ______________________

A 3 Welches Wortpaar a bis f passt jeweils in die Sätze 1 bis 4?

1. Es ist unklug, in einem kleinen Vorgarten Sträucher anzupflanzen, die für eine gesunde Entwicklung ______________________ benötigen.

a) regelmäßige Pflege
b) reichliche Bodenfeuchtigkeit
c) viel Platz
d) kräftige Düngung
e) fachmännischen Schnitt
f) häufigen Regen

2. Der zunehmende Bedarf einer ständig ______________________ Erdbevölkerung macht eine fortschreitende ______________________ der Weltwirtschaft erforderlich.

a) hungernden – Verwaltung
b) unterdrückten – Automatisierung
c) unzufriedenen – Einschränkung
d) fordernden – Kontrolle
e) wachsenden – Rationalisierung
f) bedrohten – Verstaatlichung

3. Demokratie ist ein ______________________ Begriff geworden, dessen einzig richtige Auslegung einander widerstreitende Weltanschauungen ______________________.

a) unmissverständlicher – anerkennen
b) vertrauter – propagieren
c) zeitfremder – ablehnen
d) vieldeutiger – für sich beanspruchen
e) unvollständiger – beraten
f) politischer – verwirklichen

4. Alle technischen Fortschritte sind ______________________, wenn sie nicht von Fortschritten der ______________________ begleitet sind.

a) notwendig – Überheblichkeit
b) wertlos – Wissenschaft
c) vollkommen – Zerstörung
d) wertvoll – Verwirklichung
e) begrüßenswert – Anwendung
f) unvollkommen – Menschlichkeit

6.2 Stilarten

L Stilarten unterscheiden

A 1 Lesen Sie die beiden Texte und markieren Sie auffällige Formulierungen.

Text 1

Gewitter *(Otto Ehrhardt)*

Es ist immer schwüler geworden. Im Westen stauen sich bis hinauf an die heiß herabdrückende Sonne immer dunklere Wolkenbänke, die stählern leuchten und grelle, helle Ränder haben. Alles Laub hängt müd' und schlaff. Außer der Goldammerweise hört man kein Lied und nur die Grillen geigen. Das Land duckt sich tiefer vor der schwarzen Wand, bis es plötzlich orgelt und rollt, Staubfahnen fliegen und der Wald mit den Wipfeln zu wühlen beginnt. Krachend und dröhnend, auf Pech- und Schwefelrossen rückt das dunkle Heer heran. Überall flammen und zucken die Fahnen des Einschlags.

(aus: Hopff u. a., Diktate, Diesterweg, Ffm.)

Text 2

Gewitter

Mit Donner verbundene elektrische Entladungen (Blitz) in Gewitterwolken oder zwischen diesen und der Erdoberfläche, im Allgemeinen von kurzen Niederschlägen begleitet. Gewitter entsteht in Mitteleuropa oft längs sommerlichen Kaltfronten (Frontgewitter) oder auch in feuchten und warmen Luftmassen (Wärmegewitter) allein durch Sonneneinstrahlung. Die starken Aufwinde und das Vorhandensein von Eis (Hagel oder Schnee) in der Wolke sind Voraussetzung dafür. Die Häufigkeit der Gewitter nimmt polwärts ab; in Mitteleuropa gibt es jährlich etwa 15 bis 25, in den feuchten Tropen 80 bis 100 Gewittertage.

(nach: Knaurs Lexikon)

A 2 Ordnen Sie den Texten folgende Eigenschaften zu: nüchtern, stimmungsvoll, unterhaltend, unterrichtend.

Text 1: ______________________________

____

Text 2: ______________________________

____

subjektiver Stil
überwiegend gefühlsbetont

objektiver Stil
überwiegend sachbezogen

A 3 Zählen Sie in beiden Texten die Hauptwörter (Nomen) und die Tätigkeitswörter (Verben).

Text 1: Hauptwörter: ____________________

Tätigkeitswörter: ____________________

Text 2: Hauptwörter: ____________________

Tätigkeitswörter: ____________________

Verbalstil
Aussage der Tätigkeitswörter dominiert

Nominalstil
Sinngehalt der Hauptwörter dominiert

L Stilfehler erkennen

A 1 Lesen Sie den folgenden Textauszug und markieren Sie alle Auffälligkeiten.

… Vor ihrer Inmarschsetzung wurde die R. seitens ihrer Mutter schulisch über das Verbot betreffs Verlassens der Waldwege auf Kreisebene belehrt. Dieselbe machte sich infolge Nichtbeachtung dieser Vorschrift straffällig und begegnete beim Übertreten des diesbezüglichen Blumenpflückverbotes einem polizeilich nicht gemeldeten Wolf ohne festen Wohnsitz. Dieser verlangte in unberechtigter Amtsanmaßung Einsichtnahme in das zu Transportzwecken von Konsumgütern dienende Korbbehältnis und traf in Tötungsabsicht die Feststellung, dass die R. zu ihrer verschwägerten und verwandten, im Baumbestand angemieteten Großmutter eilends war.
Da wolfseits Verknappungen auf dem Ernährungssektor vorherrschend waren, fasste er den Beschluss, bei der Großmutter der R. unter Vorlage falscher Papiere vorsprachig zu werden. Weil dieselbe wegen Augenleidens krankgeschrieben war, gelang dem in Fressvorbereitung befindlichen Untier die diesfallsige Täuschungsabsicht, worauf es unter Verschlingung der Bettlägerigen einen strafbaren Mundraub zur Durchführung brachte. …

(aus: Th. Troll, Der himmlische Computer, Hoffmann und Campe, Hamburg)

A 2 Kennen Sie diese Geschichte? Deuten Sie die Absicht des Verfassers.

6.3 Stilregeln – Stilfehler

L Stilregeln kennen und Stilfehler berichtigen

Stilregel	Stilfehler	fehlerhafte Formulierung
Schreiben Sie richtig!	**Doppelausdruck**	neu renovieren, vorübergehende Passanten, falsche Illusionen
	Steigerungsfehler	der einzigste Besucher, der höchstmöglichste Umsatz, die vielgelesenste Zeitung
	Bezugsfehler	Beiliegend sende ich das Buch zurück. Seine Ausbildung war anderen Bewerbern überlegen.
Schreiben Sie klar!	**Satzbaufehler** (s. auch S. 16)	Mein Bruder war vom Pech verfolgt, dem die Achse brach. Er fuhr in die Parklücke, um mit einem anderen Pkw zusammenzustoßen.
	Hauptwörterkrankheit (s. auch S. 32)	einer Überprüfung unterziehen, eine Anzeige erstatten, einen Beschluss fassen
	Modewörter, Jargon (s. auch S. 36)	Das Happening poppt voll, echt stark, ey!!! Alle sind wahnsinnig gut drauf; Mann, einfach super!
Schreiben Sie flüssig!	**falsches Bild** (s. auch S. 34)	Die Deutschen drehen sich zu sehr um den eigenen Bauchnabel, der jedoch nicht das Zentrum der Welt ist.
	Missklang	Er überzeugte eher als Verteidiger als als Stürmer. Ich gab ihn ihm im gleichen Augenblick zurück.
Schreiben Sie einfach!	**Aktendeutsch**	… nach Maßgabe der gesetzlichen Regelung durch § 110 BGB … Wir bringen unser Bedauern betreffs unserer Falschlieferung zum Ausdruck.
	Überhöflichkeit	Wir erhielten soeben Ihr geschätztes Schreiben und erlauben uns ergebenst, Ihrer werten Firma unsere gültige Preisliste zuzuschicken.
	Phrasen	Wir können leider nicht umhin, die Feststellung zu treffen, dass Ihre diesbezüglichen Behauptungen einer entsprechenden Überprüfung nicht standzuhalten vermögen.

A Berichtigen Sie die Fehler.

Name

Klasse

Datum

6.4 Stilfehler – Stilübungen

L Stilfehler erkennen und fehlerhafte Formulierungen verbessern

A 1 Lesen Sie die folgenden Sätze kritisch durch und markieren Sie die sprachlichen Mängel.

a) In dieser Schule wird sich sehr viel um die Schüler gekümmert.

b) Hans brachte seinen BMW zum Mechaniker, um repariert zu werden.

c) Wir waren so arm, dass es bei uns zum Essen nie kein Fleisch gab.

d) Die Steigerung des Sozialproduktes ist die Voraussetzung für die Wiedererlangung der Vollbeschäftigung.

e) Radfahrer sind verpflichtet, bei Nacht ihr Hinterteil zu beleuchten.

f) Wir mussten lange suchen, bis wir die optimalste Lösung gefunden hatten.

g) Obwohl es mir auf der Fete saugut gefiel, machte ich schon um zehn die Flatter.

h) Um sie einzuschüchtern, wurden früher die Leute hingerichtet.

i) Für den Handwerker ist einwandfreiestes Werkzeug die fundamentale Basis einer erfolgreichen Arbeit.

j) Ich schicke Ihnen die Negative, die Sie mir freundlicherweise überlassen haben und auf denen wir zusammen abgebildet sind, sobald ich die Abzüge habe, zurück.

k) Ihre Bemühungen um das Zustandekommen eines Klassentreffens waren ohne Erfolg.

l) In letzter Zeit schießen überall in der Stadt Videotheken wie Pilze ins Kraut.

m) Meine Eltern waren gezwungen, das Haus verkaufen zu müssen.

n) Er wollte immer den King spielen, dabei produzierte er mehr Scheiß als jeder andere in unserer Gang.

o) Die Anzeige, wo ich mich beworben habe, war eine einzige Enttäuschung.

p) Zu meinem großen Bedauern ist es mir leider nicht möglich, mitkommen zu können.

q) Wer geschickt ist, kann in der Stadt nicht nur kleine, sondern auch große Geschäfte machen.

r) Auf größtmöglichste Sicherheit zu achten, das ist immer höchstes Gebot am Arbeitsplatz.

s) Eine Flanke seines überragenden Mitspielers setzte er noch per Kopfball neben das Gehäuse, um wenig später das Tor des Tages zu erzielen.

t) Mensch, du hast ein Gesicht wie ein Feuermelder, da möchte man am liebsten reinschlagen.

u) Mein Bruder versuchte, mich, der ich doch unschuldig war, als den Sündenbock hinzustellen, und mein Vater schien auch davon überzeugt zu sein.

v) Ich bin jetzt in der Lage, dir mitteilen zu können, dass Uta morgen ankommt.

w) Wir sind der Hoffnung, dass Sie demnächst Gelegenheit haben werden, einen Besuch bei uns zu machen.

x) Kurt, mein einzigster Freund, ist leider viel, viel größer wie ich.

y) Mein Lehrer warnte mich davor, nicht noch einmal von meinem Nebenmann abzuschreiben.

A 2 Welche Fehler sind in den obenstehenden Sätzen erkennbar? Ordnen Sie zu.

Fehlerart:	Doppelausdruck	Steigerungsfehler	Bezugsfehler	Satzbaufehler	Hauptwörterkrankheit	Modewörter, Jargon	falsches Bild
in den Sätzen:	______ ______	______ ______	______ ______	______ ______	______ ______	______ ______	______ ______

A 3 Geben Sie den Textinhalt der Sätze aus Aufgabe 1 in gutem Deutsch wieder.

A 4 Auch Profis machen Sprachschnitzer, wie die folgenden „Stilblüten“ zeigen. Überlegen Sie, was die Autoren im einzelnen Falle sagen wollten und warum ihre Formulierungen eher Heiterkeit erzeugen.

Schweinebäuche konnten ihre Führung ausbauen.
Handelsblatt

Kainsmal wird zum Exportschwungrad.
Süddeutsche Zeitung über das „Made in Germany“

Der Vize wird zum Pferdefuß.
Südkurier

Die Frauenquote setzte sich in den Vorstandssesseln fest.
ZDF

Weibliche Reize rütteln an der festen Ordnung.
Rheinische Post

Die Menschen in der Bundesrepublik werden täglich älter.
Südwestfunk

Freuen wir uns, dass … junge Gesichter in der Bundesliga so gut einschlagen.
ARD-Sportschau

Großer Alpsee bei Immenstadt schluckt Badegäste problemlos.
Allgäuer Zeitung

(aus: Schwäbische Zeitung, Meister des Worts)

7 Sprachvermögen

7.1 Sprachebenen – Sprachschichten

L Ursachen und Arten unterschiedlicher Sprechweisen angeben

A 1 Machen Sie sich nochmals klar, welche Funktion die menschliche Sprache hat (siehe S. 4/5).

Kein Mensch beherrscht die deutsche Sprache vollkommen, da diese eine unendlich große Zahl von Mundarten, Umgangssprachen, Fremdwörtern und Fachausdrücken umfasst.

Je mehr Wörter, Begriffe und Formulierungen wir

- richtig gebrauchen **(aktiver Wortschatz)** und
- eindeutig verstehen **(passiver Wortschatz),**

desto größer ist unser **Sprachvermögen (Sprachkompetenz).**

Die Sprachkunde unterscheidet verschiedene **Sprachebenen.**

- **Hochsprache:** Dies ist die Schriftsprache, die Sprache der Öffentlichkeit, der Presse, der Literatur. Sie wird im ganzen deutschen Sprachraum verstanden, nur selten aber rein gesprochen.
- **Umgangssprache:** Sie ist die vorwiegend gesprochene Sprache. Ihre Kennzeichen sind schlichte Wortwahl und einfacher Satzbau. Sie steht zwischen Hochsprache und Mundart.
- **Mundart:** Sie zeigt die in einer bestimmten Landschaft gewachsene Eigenform einer Stammessprache. Ihr Erhalt erfordert ständige Förderung und Pflege.

Je nach Wortschatz und Formulierungsgewandtheit des Sprechers unterscheiden wir – unabhängig von der Sprachebene – zwei **Sprachschichten.**

- **Unterschicht** mit eingeschränkter Sprache
  d. h. – begrenzter Wortschatz
  – einfachster Satzbau
  – zielt nur auf Handlung
  } z. B. Geh' weg da!
- **Oberschicht** mit ausgebauter Sprache
  d. h. – reicher, unterscheidender Wortschatz
  – komplexer Satzbau
  – zielt auf Absicht und Handlung
  } z. B. Hans, ich müsste hierhin, könntest du mir zuliebe einmal kurz zur Seite gehen?

A 2 Zweifellos bestimmt das Elternhaus – neben vielen anderen Faktoren – maßgeblich die Sprache eines Kindes.
Nehmen wir an, ein 3-jähriges Kind habe mit seinen Farbstiften das helle Furnier des neuen Wohnzimmerschrankes bemalt.
Überdenken Sie mögliche Reaktionen der Eltern. Welche Folgen für die Entwicklung der Sprache des Kindes könnten daraus resultieren?
Diskutieren Sie Ihre Meinung in der Gruppe.

A 3 Überlegen Sie, welche Faktoren Ihre persönliche Sprache geprägt haben und wodurch Ihr sprachliches Verhalten möglicherweise auch heute noch beeinflusst wird.

Herkunft: ______________________________

Umgebung: ______________________________

Beruf: ______________________________

Interessen: ______________________________

Vergleichen Sie mit Ihren Mitschülern.

A 4 Welche Einflüsse bestimmen in der Regel die Sprechweise

a) eines Kindes? b) eines Jugendlichen? c) eines Erwachsenen?

Datum

Klasse

Name

A 5 Umfangreiche Untersuchungen haben – vereinfacht dargestellt – Folgendes ergeben:
- Arme Leute sprechen im Allgemeinen eine „eingeschränkte" Sprache.
- Reiche Leute sprechen im Allgemeinen eine „ausgebaute" Sprache.

Klingt diese Aussage glaubhaft, wo doch die Armen im Schnitt sicher nicht weniger sprachbegabt sind als die Reichen? Diskutieren Sie über mögliche Zusammenhänge zwischen sozialer Schicht und Sprachschicht.

A 6 Es gibt Berufe, bei denen sich deutlich eine eigene Berufssprache herausgebildet hat. Einige soziale Gruppen haben für sich eine auffällige Sondersprache (Jargon) entwickelt. Nennen Sie Beispiele und suchen Sie jeweils Gründe für diese Besonderheiten.

L Sondersprachen von Jugendlichen analysieren

Eine größere Gruppe Berufsschüler wurde gefragt, welche Redewendungen sie im täglichen Umgang mit Gleichaltrigen und Gleichgesinnten gerne und häufig gebrauche.

Unter den Antworten kamen auffälligerweise viele Formulierungen jeweils mehrfach vor:
prima, toll, niedlich, sagenhaft, wahnsinnig, fantastisch, bala-bala, affengeil, rattenscharf, Wucht, Hammer, dicker Hund, letzter Heuler, Bananenbieger, Schnullerbacke, steiler Socken, flotte Maus, dufte Biene, hübscher Käfer, Trampeltier, Dromedar;
dir brennt der Kittel, du hast einen Knoten auf dem Hals, du hast nicht alle Tassen im Schrank; gleich steht dein Hemd allein da, dir rast der Blocker, dir tropft der Blinddarm; da hab' ich null Bock drauf usw.

Obwohl eine derartige Umfrage stark orts- und zeitabhängige Ergebnisse bringen muss, werden stets drei Arten von Formulierungen besonders hervorstechen:

Schlagwörter	Modewörter	Kraftausdrücke
z. B. Klasse!, bombig!, Mensch! Diese Wörter sollen in kurzer konzentrierter Form Anerkennung, Anteilnahme, Erstaunen, Ablehnung o. ä. ausdrücken.	z. B. super, echt gut, das bringt's Das sind Ausdrücke, die eine Zeit lang besonders „in Mode" sind und meist so schnell wieder verschwinden, wie sie aufgetaucht sind.	z. B. verdammt, Simpel, Idiot Es handelt sich dabei um massive Formulierungen, die meist weit übers Ziel hinausschießen und leicht schockierend und verletzend wirken.

A 1 Analysieren Sie die vorstehenden Redewendungen junger Leute.

Sprachebene: ____________________

Sprachschicht: ____________________

Sonstige Auffälligkeiten: ____________________

A 2 Stellen Sie die Formulierungen zusammen, die zur Zeit in Ihrem Umfeld häufig zu hören sind.

____

____

____

A 3 Ein Illustriertenartikel über die „Jugend 2000" nennt exemplarisch „fünf coole Begriffe aus der Szene":
cruisen (engl. für herumfahren) = sich treiben lassen, ziellos unterwegs sein
sampeln (engl. für probieren) = kreatives Mixen von Modestilen und Trends
Posse (engl. für Haufen) = der Freundeskreis; die Posse ist die „neue Familie"
Nerd (engl. für Schwachkopf) = Computer-Freak; der Rechner ist sein bester (und oft auch einziger) Freund
fat (engl. für dick, stark) = Eigenschaftswort der Begeisterung, hat das „geil" der 80er-Jahre abgelöst. Steigerung: voll fat
Wie erklären Sie das Eindringen des Englischen in die Sprache der Jugendlichen?

A 4 Ergründen Sie den Sinn einer derartigen Sondersprache von Jugendlichen und beurteilen Sie deren Aussagefähigkeit.

Literaturhinweis: *Slang-Duden, Wörterbuch der Szenensprache, Duden Verlag, Mannheim*

7.2 Sprachbarrieren

L Ursachen von Verständigungsschwierigkeiten erklären

Neben vielen anderen Einflüssen können vor allem sprachliche Probleme eine Verständigung behindern. Stehen sich zwei Personen mit stark unterschiedlichem Sprachvermögen gegenüber, so können Missverständnisse oder gar Unverständnis aufkommen. Ursache hierfür sind dann Sprachbarrieren durch

- unterschiedliche Sprachebenen, z. B. Mundart ↔ Hochsprache und/oder
- unterschiedliche Sprachschichten, z. B. eingeschränkte ↔ ausgebaute Sprache.

A 1 Vergegenwärtigen Sie sich nochmals die Grundbegriffe einer Kommunikation (s. S. 4). Sammeln Sie Einflussfaktoren, die den Informationsaustausch stören.

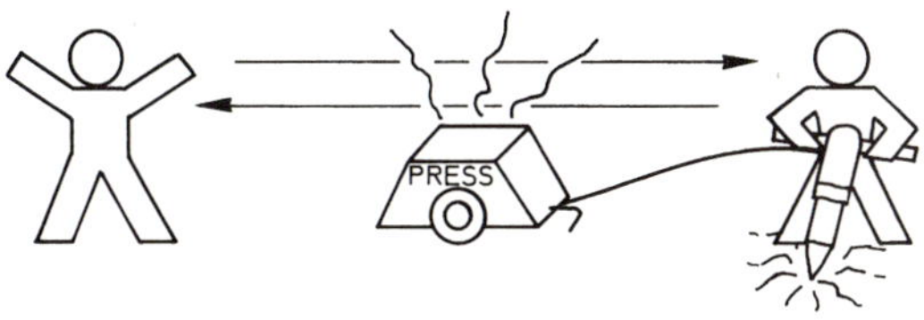

A 2 Lassen Sie sich den folgenden Text vorlesen und versuchen Sie, dem Geschehen zu folgen. Warum verstehen Sie den Inhalt eher, wenn Sie das Schriftbild vor Augen haben?

As Hans in de Stadt weer un sik de Uutlagen bekeek, bleev he vör den Laden vun een Brillenmaker staan. „Sü", dach he, „nu will ik mi en Brill köpen, dat ik beter lesen kann." – He gung ja rin un se, wat he wull. De Mann geev em en paar Brillen un leet em op en Zeitung kiken, dat he sik de richtigen Glös' uutsöken kunn. Hans keek dörch alle Brillen un se jedesmaal: „Dat is noch nich de richtige!" Do haal de Mann noch meer, un as Hans de ook probeert harr, schoov he se all bisiet un se: „Ne, dat is allens nix." – Do froog de Brillenmaker: „Könt Se daar nich beter dörch seen?" – „Seen? Natüürlich kann ik dar beter dörch seen", reep Hans argerlich. „Aver de Lüüd secht doch ümmer, man kann mit'n Brill beter lesen. Un so een much ik hebben."

(Hinrich Kruse, aus einem Kalenderblatt)

A 3 Lesen Sie den folgenden Text. Worin sehen Sie die Sprachbarriere begründet?

Das Biologische, wenn man es im Menschen fassen will, hört auf, nur biologisch zu sein. Es ist gewiss, dass der Mensch im Ganzen mit biologischen Mitteln nicht erfassbar ist – dass er aber bis in alle seine Realitäten hinein zugleich eine biologische Realität ist und biologisch, d. h. mit den Kategorien fassbar ist, in denen alles Leben der Tiere und Pflanzen erforscht wird. „Biologisch" aber bedeutet beim Menschen zugleich mehr, nämlich das, was im Unterschied des Menschen von allem anderen Lebendigen, was bei ihm im Kontrast zu den zahllosen biologischen Identitäten und Analogien zu sehen ist.

(Karl Jaspers, aus: Vom Ursprung und Ziel der Geschichte, Fischer, Ffm.)

A 4 Warum sind Erwachsene oft „verständnislos", wenn Jugendliche wie im folgenden Dialog sprechen?

Rolf: Das ist ja wieder irre, absolut irre!!
Peter: Ich stehe auf dem Schlauch, ich blicke da nicht durch.
Rolf: Du brauchst wohl einen DBL. (Durchblicklehrgang)
Peter: Mach' halblang, hör'! Dir eiert die linke Wade.
Rolf: Mal was ganz anderes; hast du unsere nächste große Sause nicht vergessen?
Peter: Gute Frage, aber da gibt's wie immer null Problemo!
Rolf: Also wieder alles paletti.

A 5 Die Pointe eines Witzes kann auf einer absichtlich erzeugten „Sprachbarriere" beruhen. Markieren Sie in den folgenden Beispielen die entsprechenden Textstellen.

Der Arzt erklärt seinem Patienten: „Diese Medizin lösen Sie in Wasser auf und trinken Sie dann in einem Zug. Dreimal täglich." – „In Ordnung, Herr Doktor", antwortet der Patient, „aber zahlt die Krankenkasse dann auch die vielen Fahrkarten?"

„Frau Lehmann, Sie haben aber eine wunderschöne Vase!" „Da ist die Asche meines Mannes drin!" „Tut mir Leid, das wusste ich nicht!" „Macht doch nichts. Das Ferkel ist nur immer zu faul, sich einen Aschenbecher zu holen."

(aus: Tageszeitung, Leserwitz der Woche)

A 6 Aufgrund von Untersuchungen weiß man, dass Kinder aus einfachen sozialen Verhältnissen in weiterführenden Schulen im Schnitt schwerer vorankommen als solche aus den sozialen Oberschichten. Diskutieren Sie in der Gruppe, inwieweit Sprachbarrieren Ursache hierfür sein können. Welche Möglichkeiten sehen Sie, diese sozialen Ungerechtigkeiten abzubauen (vgl. hierzu S. 35 A2 und S. 36 A5)?

A 7 Können Sie sich an ein konkretes Erlebnis erinnern (z. B. in der Schule, am Arbeitsplatz, bei einer Veranstaltung), bei dem Sprachbarrieren das Verstehen erschwerten? Schildern Sie Ihr Erlebnis.

A 8 Welche Schlussfolgerungen ziehen Sie für sich persönlich aus den Erkenntnissen, die in diesem Kapitel erarbeitet wurden?

Datum

Klasse

Name

7.3 Deutsche Mundarten

L Mundarten nennen, unterscheiden und in Schriftdeutsch umsetzen

Neben der von Luther eingeführten neuhochdeutschen Schriftsprache haben sich die ehemaligen Stammessprachen als Mundarten bis heute erhalten. Sie sind lebendiges Zeichen der Geschichte unserer Muttersprache.

Die nebenstehende Karte zeigt die ungefähre Verbreitung der deutschen Mundarten:

Niederdeutscher Sprachraum
z. B. friesisch, fälisch, pommerisch

Mitteldeutscher Sprachraum
z. B. pfälzisch, hessisch, thüringisch

Oberdeutscher Sprachraum
z. B. alemannisch, schwäbisch, bayrisch

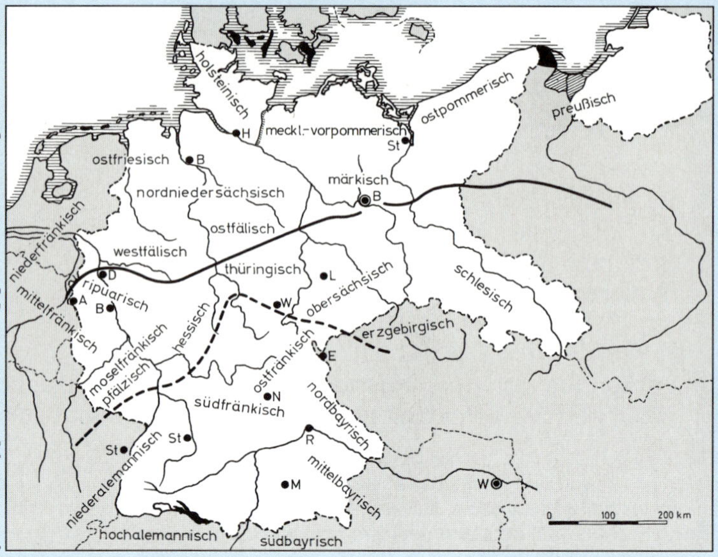

A 1 Ordnen Sie die folgenden Texte dem entsprechenden Sprachraum zu: n = niederdeutsch, m = mitteldeutsch, o = oberdeutsch. Tragen Sie das zutreffende Kurzzeichen in das jeweilige Kästchen ein.

Text 1 ☐

Mei Liabi, d' Jagerei braucht an Fleiß und an Verstand und an richtigen Menschen, auf den a Verlaß is. Dös derfst mir glaab'n, i plag mi scho bessa wia 'r a Bauernsohn oder a Knecht. I bin's ganze Jahr draußd bei an jed'n Weda und steh' jed'n Tag vor der Sunn auf. De Bauern achezen scho, wann s' im Summa vierzehn Tag hinteranand schö is, und bet'n um an Reg'n, daß s' in Gotts Nam' wieder amal ausschlaf'n kinna. I hab' koa Dahoambleib'n beim Regen. Und bis i oamal in an Wirtshaus kimm, san de andern dreiß'gmal drin g'wen.

(aus: L. Thoma, Der Jagerloisl, Lingen, Köln)

Text 2 ☐

I'n siemjährigen Krieg – als noch schtand d'r alde Fitze in 'n säcksischen Land, da ridden brei'sche Husaren ämal bei Dräsen dorchs liebliche Elwedal. Ä säcksischer Schäfer, der dord se erblickd' der hädde gern sich noch eilig gedrickd; doch hadden de Breißen ihn ooch schonn gesehn un so mußde Rede un Andword er schteh'n: ob in d'r Nähe d'r Estreicher weer' un wo er schtände un ähnliches mehr!

(aus: G. Zimmermann, Er wees sich ze helfen, Stam, Köln)

Text 3 ☐

Ick vasteh det schon, icke: ick ha det vorn paar Tarn uff da hintern Plattform von eem Autobus jesehn. Icke, ick fand den Hals von dem jungen Knülch n bißken lang und det Dinge, det aussah wie ne Kordel un wo er um sein Hut rum hatte, nee, det fand ick ja ooch verdammt ulkig. Icke, ick würd mir doch nie son Ding offn Dez setzen.

(aus: R. Queneau, Stilübungen, Suhrkamp, Ffm.)

A 2 Geben Sie die folgenden Gedichte in Schriftdeutsch und/oder in der Mundart Ihrer Heimat wieder.

Text 4

Loset, was i euch will sage!
D' Glocke het oelfi gschlage.
Und wer no an der Arbeit schwitzt,
Und wer no bi de Charte sitzt,
Dem biet-i jez zum letschtemol –
's isch hochi Zit – und schlofet wohl!
Loset, was i euch will sage!
D' Glocke het zwölfi gschlage.
Und wo no in der Mitternacht
E Gmüet in Schmerz un Chummer wacht
Se geb der Gott e rüeihige Stund
Und mach di wieder froh und gsund!

(J. P. Hebel)

Text 5

Guck net slooß an Mensche nuf,
Weil se Rang ond Titel hent,
Acht' a bisle schärfer druf:
Wie se au von Herza send. –
Mancher drächt en Nama grooß,
Moit, daß der 'm älles deckt, –
Guck 'm henter 's Bruschtduach blooß,
Merk'sch bald, was derhenter schteckt.
Liaber isch mer, der em Dreck,
Z'hentersch en d'r Roiha schtoht,
Hot 'r 's Herz am rechta Fleck,
Wia 'n 'a Grof, der gar kois hat.

(O. Keller)

Text 6

Kopf und Herz am recht'n Fleck,
's Wort frisch von da Leba weg,
An hellen Blick, an guat'n Mag'n,
Der aa was Z'widas kann vatrag'n,
Für d' Not und 's Unglück offne Hand,
A Liab fürs freie Vaterland –
Und an Hamur frisch, g'sund und recht,
Kurz „deutsch" bal d' Leut, san, na',
san 's recht!

(C. A. Kaltenbrunner)

A 3 Die einzelnen Mundarten lassen sich geographisch nicht durch scharfe Trennungslinien begrenzen. Vielmehr wird selbst beiderseits vieler politischer Grenzen die gleiche Mundart gesprochen. Nennen Sie derartige Beispiele und geben Sie eine geschichtliche Erklärung hierfür.

L Kulturelle, soziale und emotionale Bedeutung der Mundart darlegen

Mundart darf nicht mit schlechtem Deutsch verwechselt werden, weder vom Sprachstil, noch vom Inhalt her. Es beeindruckt immer wieder, wie Mundartverse Sozial- und Zeitkritik artikulieren können und/oder tiefgehende Gedanken und Gefühle zum Ausdruck bringen.

E schwarzwälder buur bättet *(Gerhard Jung, 1926–1998)*

liebe Gott!
i wott emol öbis schwätze mit der.
aber weisch, wenn i s sott sage,
wie s so in dene gsangbüecher stoht,
sell goht schief.
weisch mit em schriibe han i s nie gha
un mit em hochdütsch schwätze.
bi uns schribt d lisbeth d brief un des züüg[1]
un mit de fremde schwätz i nume,[2]
was nötig isch.
i schaff lieber mit de händ,
nit mit em muul.
aber jetz mueß i doch emol
öbis[3] schwätze mit der.
s isch nämlig eso,
aß de burgemeister gsait hät,
i soll nit eso dollohrig[4] sii
un endlich min hof verchaufe,
wil si de platz bruuche für d autobahn.
er hät mer s verexpliziert.[5]
aber d lisbeth hät gsait:
nüt isch! de hof wird nit verchauft,
da hä mer vum vater übercho
un selle vu sim vater
un selle vu sim vater un vaters-vater.
un alli wo do gsi sin uf dem hof
hän defür gschafft un an selli denkt,
wo nochher chömme.
des han i deno au gsait,
bim burgemeister.
aber selle hät gsait, des wär sturheit.
mer chönnt doch nümmi denke wie sin eigene urgroßvater.
mer müeßt doch an selli denke,
wo arbet kriege un verdienst
mit dere autobahn.
jetz weiß i bigoscht[6] nit,
was i soll sage dezue.
un wegedem han i wölle schwätze mit der,
liebe gott.
aber,
verstohsch du überhaupt alemannisch?

[1] Zeug
[2] nur
[3] etwas
[4] schwerhörig
[5] erklärt
[6] bei Gott

(aus: Jung, Rutsch e bizzeli nöcher, Moritz Schauenburg, Lahr)

A 1 Beschreiben Sie mit eigenen Worten, worum es in den einzelnen Abschnitten des oben stehenden Gedichtes geht.

A 2 Welches Charakterbild des Schwarzwaldbauern zeichnet das Gedicht in den Äußerungen der beteiligten Personen?

A 3 Wie steht der Bauer zu seinen Mitmenschen, wie zu seinem Herrgott?

A 4 Würden Sie den Hof verkaufen, wenn Sie an der Stelle des Bauern zu entscheiden hätten? Wägen Sie die Gründe pro und contra gegeneinander ab und begründen Sie Ihre Entscheidung.

A 5 Würde das Gedicht auf den Leser genauso wirken, wenn es in Hochdeutsch geschrieben wäre?

Mundart im Unterricht?

Eine ungewöhnliche Anfrage in schwäbisch-alemannischer Mundart hat der CDU-Abgeordnete Martin Dorn jetzt im Stuttgarter Landtag eingebracht. „Gheerts zur Bildung im Ranza, dass näbam Hochdeitscha d Mondart gleich vill gilt?“, heißt es wörtlich in dem Parlamentsantrag. Dorn fordert die Landesregierung auf zu prüfen, inwieweit die Zweisprachigkeit von Schriftsprache eine „notwendige Form der sprachlichen Bildung“ ist und ob die Doppelsprachigkeit stärker als bisher gefördert werden kann.

(Reutlinger General-Anzeiger)

A 6 Sollte die Mundart in Schule, Öffentlichkeit und Wirtschaft verstärkt Eingang finden? Sammeln Sie – mit Blick auf den nebenstehenden Zeitungstext – Gründe dafür und dagegen. Diskutieren Sie die Ergebnisse in der Gruppe.

A 7 Von J. W. v. Goethe stammen die Worte: „Die Mundart ist doch eigentlich das Element, in welchem die Seele ihren Atem schöpft.“ Können Sie aus Ihrem Empfinden heraus diese Aussage bestätigen? Begründen Sie Ihre Antwort.

Literaturhinweis: *Deutschland deine Badener, Schwaben usw., Hoffmann u. Campe, Hamburg*

Datum

Klasse

Name

Wörter mit schwieriger Rechtschreibung

abergläubisch
Ärger
Alkohol
Allee
allmählich
andeuten
an Eides statt
an Kindes statt
anonym
Augenlid
ausstatten
Auswahl

bang
Bank
Baustil
beenden
Beere
Bestellliste
Bibel
Blumenkränze
Boot
Buchfink

Charakter
Chemie
Chrom

Diamant
diskutieren
Dom
düster

Elend
Enderfolg
endgültig
endlos
Endspiel
Endspurt
Entführung
Entgelt
entgraten
Enthüllung
entlaufen
Entschluss
Entstehung
Erwiderung

fangen, er fing
Feder
Felge
Fetttopf
Fischteich
Fliehkraft
Flor
Flussaal
fragen, er fragt
Frage
froh

Gabe
Gardine
Gebäck
Gespenst
Glatze
Glockengeläut
Gunstbezeigung

Haar, Härchen
Hammerstiel
Hasenjagd
Heer
heilig
Heizkissen
Heuchler
heute
Hochmoor
holen
hügelig
Hydrant

Idee
Innenstadt

Justiz

Kahn
Kaiser
Kehle
Kerker
Kleister
Klinge
Knäuel
kneten
Kranich
kreuzen
Kristall
Kuchengabel
Kuchenteig
Kunstgewerbe
kürzlich

laben
Lagerstatt
lahm
Landesgrenze
Lazaretttreppe
leer
Lehne
Lob
Lohn
Lot

marschieren
Maschine
mehlig
meistern
Moos

Nabe
Naht
Niet

Ohr
organisch
orkanartig

Paar, Pärchen

Qual
Qualität
quer

raten
Rede
Reh
Ritze
roh
Rohstofffrage
Rosine
rundlich

Saal, Säle
Saat
Säugetier
Saison
satttrinken
Schiene
Schleuder
Schnauze
Schnellläufer
Schuhsohle
Schwimmmeister
See
Segeljacht
Segen
sehen, er sieht
Shampoo
Sirup
Sohn
sparen
Sprengstoff
Staat
stadtbekannt
stadtkundig
Stadtrecht
Stadtteil
Stadtwappen
Stalllaterne
stattlich
Stempel
sterblich
Stromkabel
Symmetrie
systematisch

Tafel
todelend
todernst
Todfeind
todkrank
todsicher
Todsünde
todunglücklich
Tor
totdrücken
Totenkopf
totfahren
totlachen
totschießen
Training
tüfteln
Tyrann

unentgeltlich

verenden
Versehrter
verschmähen
Vieh
Volkslied
vonstatten gehen
Vulkanfiber

Waage
Wahn
Waisenhaus
Widerhaken
widernatürlich
widerrufen
widerspiegeln
widerwärtig
Wiederaufbau
wiederbringen
wiederfinden
Wiederholung
Wiederkehr
Wiederwahl
winkelig

Ziehbrunnen
Ziehharmonika
Zoo
zügeln

Verzeichnis der Autoren und ihrer Texte

Sachregister